M. Gabriel Delanne et G. Bourniquel

Écoutons les morts

Visions et incarnations
Identification des esprits
Etude critique et preuves
expérimentales de la survie

(1923)

3

L.B.E Publishing / Ouvrage.net
ISBN : 978-2-36589-101-1

4

Révèle-moi, ô mon bon génie, à moi que tu aimais, ces vérités qui dominent la Mort, empêchent de la craindre et la font presque aimer.

Renan

Direction éditoriale : Paridhu.

CHAPITRE PREMIER

La Conversion d'un sceptique

Quand trois spirites sont assis autour d'un guéridon, il n'y a que le guéridon qui a de l'esprit.

Vassallo

Avant d'exposer nos recherches expérimentales, arrêtons-nous d'abord sur une curieuse manifestation dont fut l'objet, il y a une vingtaine d'années, le sceptique directeur du journal IL SECOLO XIX, M. Vassallo.

Il avait commencé par railler le spiritisme et ne laissait passer aucune occasion de lui décocher des flèches acérées. C'est lui qui avait lancé l'humoristique réflexion qui préface ce chapitre.

Plaisanterie facile et, disons-le à notre tour, plaisanterie sans esprit. Il ne tarda pas à reconnaître son erreur et à réformer son premier jugement ; après avoir étudié la question, ce que ne font presque jamais nos contradicteurs, il conclut à ceci : « Il n'y a pas de plus grand intérêt que de pouvoir dire à l'âme humaine, par la voix de la Science : tu existes et tu existeras après la dissolution de la matière. J'ai la ferme conviction que les études *médianimiques* peuvent seules amener à ce résultat et qu'il faut contraindre les savants à dévoiler ce grand problème : la découverte absolue de la Vérité ».

D'où vint ce changement radical ? Des preuves d'identité qui lui furent données par Eusapia, dans les circonstances suivantes :

Après s'être familiarisé avec les faits par des études suivies, dans la séance du 18 décembre 1901, au Circolo Minerva, M. Vassallo se sentit saisi en arrière par deux bras qui l'enlaçaient affectueusement, tandis que deux mains aux longs doigts effilés d'une personne jeune lui serraient la tête et la caressaient. Pendant ce temps, une jeune tête l'embrassait à plusieurs reprises ; tout le monde entendit le bruit des baisers. M. Vassallo demanda le nom de l'entité qui manifestait à son égard des sentiments aussi tendres, et par des mouvements de table on obtint le nom de Romano ; c'était un des prénoms de son fils décédé, ignoré même de ses parents les plus proches, car on l'appelait toujours Naldino.

Ayant demandé une preuve d'identité, un doigt traversa l'ouverture du veston et alla se placer contre la poche intérieure dans laquelle, dit M. Vassallo, se trouvait un portefeuille contenant le portrait de son fils.

Le soin pris par l'entité de choisir celui de ses prénoms qui était ignoré de tout le monde, indique sa volonté de se faire reconnaître, sans qu'on puisse invoquer la transmission de pensée, car M. Vassallo déclara ensuite qu'il n'attendait pas ce nom que l'on n'employait jamais. Nous allons constater que le fantôme a donné d'autres preuves, encore plus convaincantes.

M. Vassallo ayant demandé une preuve plus complète, la table répondit affirmativement en demandant moins de lumière. On obéit en plaçant une bougie allumée sur le parquet d'une autre salle. De cette façon la lumière était faible mais suffisante pour qu'on put distinguer le visage d'Eusapia et celui des autres observateurs.

Tout à coup, le docteur Venzano voit s'élever entre Mme Ramorino et Eusapia une masse vaporeuse de forme oblongue, qui se condense graduellement en haut, qui prend l'aspect d'une tête humaine sur laquelle apparaissent successivement en relief une chevelure très abondante, des yeux, un nez et une bouche. A ce moment, le professeur Porro et le chevalier Erba s'écrient en même temps : « Une silhouette ! une silhouette ! » M. Vassallo, qui regardait ailleurs, se retourne assez à temps pour voir la tête qui s'avance à plusieurs reprises au-dessus de la table dans sa direction, puis se dissout.

Remarquons maintenant l'épisode qui suit ; il prouve que M. Vassallo n'a pas été le jouet d'une illusion en reconnaissant son fils. Quant à l'hallucination, elle n'a pas lieu d'être invoquée, la forme ayant été vue par quatre des assistants, comme l'eût été une figure ordinaire.

Le docteur Venzano trace au crayon sur une feuille de papier un croquis représentant la forme aperçue et en même temps, M. Vassallo, très habile dessinateur, reproduit avec beaucoup de soin le profil de son fils. On constate alors les traits de ressemblance entre la figure apparue, les croquis dessinés et le portrait possédé par M. Vassallo. En effet, les lignes de contour de la tête et l'aspect piriforme de cette dernière, se correspondent merveilleusement.

Si l'on veut expliquer l'apparition par une transfiguration du médium, comment expliquer que celui-ci, ne sachant ni dessiner ni modeler, soit capable de donner à l'apparition une ressemblance assez frappante pour que le père, qui est artiste, et le docteur Venzano, en fassent un croquis merveilleusement fidèle ? On aura beau dire, sans preuves d'ailleurs, qu'elle prend l'image dans la subconscience de M. Vassallo, cela ne suffit pas, car, alors même qu'on serait un peintre ou un sculpteur de génie, il n'est pas possible de reproduire instantanément une figure quelconque. Si l'on veut imaginer que le périsprit prend automatiquement la forme d'une image mentale très intense, pourquoi n'obtiendrait-on pas toujours des ressemblances, au lieu de ces fantômes qui, le plus souvent, ne représentent personne de connu ? Et puis, vraiment, si l'âme humaine possédait des pouvoirs aussi prodigieux, ne saute-t-il pas aux yeux qu'elle serait indépendante du corps ? Qu'elle aurait une autonomie propre, une existence sui generis que l'organisme corporel n'aurait pu engendrer, lui qui change perpétuellement, de sorte que la disparition totale de ce corps n'entraverait pas plus les manifestations animiques qu'elle ne les gêne pendant les séances. En voulant échapper à la preuve directe de la survie par les apparitions de défunts, les adversaires du spiritisme lui fournissent d'autres arguments qui conduisent aux mêmes conclusions.

Dans la séance du 26 décembre, pendant l'obscurité, une main, celle de Naldino, caresse M. Vassallo ; celui-ci demande que son fils retrouve sur sa personne un objet qui, lorsqu'il était en vie, lui fut cher. Bientôt il sent détacher de sa cravate une épingle qui avait été donnée à son fils et qu'il avait mis justement ce soir-là, pour constater si elle lui serait enlevée par l'apparition.

Ayant demandé une autre preuve encore, M. Vassallo se sent tout de suite saisi sous les aisselles par deux mains qui le soulèvent, l'obligent à se lever et le traînent pendant deux pas environ, au dehors et derrière sa propre chaise, c'est-à-dire à une distance de plus d'un mètre du médium.

Il sent alors un corps humain s'appuyer sur son épaule et un visage qui, à son avis, a les caractères de celui du défunt Naldino, reste pendant quelque temps adhérent à sa figure. Il reçoit ensuite de nombreux baisers dont tout le monde perçoit le bruit, et, pendant ce temps, on signale des phrases interrompues, prononcées par une voix faible qui répond aux questions réitérées de M. Vassallo. Le docteur Venzano, sans quitter le contrôle, s'avance et réussit à saisir plusieurs paroles en dialecte génois, parmi lesquels se trouvent les mots caro papa. Le dialogue entre l'entité et M. Vassallo se poursuit pendant quelque temps, jusqu'au moment où, après le bruit d'un baiser, le docteur Venzano parvient à recueillir cette phrase entière : questo é per la mamma (celui-ci est pour la maman).

Presque aussitôt la forme s'évanouit et la table demande typtologiquement qu'on fasse la lumière. Dès que la lampe électrique blanche est allumée, on voit s'avancer vers M. Vassallo, qui est debout, une forme humaine enveloppée dans le rideau du cabinet, qui l'embrasse, tandis qu'une main, toujours recouverte du rideau, saisit celle de M. Vassallo et la retient pendant quelque temps. Le médium est sur sa chaise, les mains en contact avec celles des contrôleurs.

M. Venzano fait remarquer que les mots prononcés, même par ventriloquisme, ne pouvaient provenir du médium, d'abord à cause de la direction de la voix et ensuite parce que c'était le pur dialecte génois qui avait été employé, sans aucune trace de cet accent napolitain dont Eusapia ne put jamais se débarrasser.

Ceci se passait il y a 20 ans.

Rapprochons de ces expériences déjà anciennes, mais non pas périmées, d'autres expériences plus récentes faites à l'Institut Métapsychique, et nous verrons que le médium polonais Franek Kluski a pu reproduire à Paris des phénomènes identiques à ceux produits à Gênes par le médium italien Eusapia, et cela dans les conditions de contrôle les plus sévères que seules, les personnes de mauvaise foi songeraient encore à contester.

Voici le récit d'une scène impressionnante, publiée par le principal intéressé, le comte Potocki, dans la Revue Métapsychique de juillet-août 1921, page 297 :

Séance du 20 novembre 1920

« Le médium est assis devant la table en dehors du cabinet noir. Le Dr Geley tient la main gauche du médium. Potocki tient la main droite. Les assistants forment la chaîne. Le médium tombe vite en transe, ce qu'on perçoit à sa respiration caractéristique. Apparition de lueurs phosphorescentes au-dessus et à côté du médium. Je sens des attouchements et je sens qu'il y a quelqu'un entre moi et Franek. A ma gauche, les voiles du cabinet noir commencent à remuer et à se gonfler, comme si un vent les poussait. Je sens que quelqu'un s'enveloppe d'un voile, se penche sur moi et me dit à l'oreille très distinctement le mot « Thomasch » (Thomas en polonais). Il épèle ensuite ce mot typtologiquement. Je demande : Est-ce Thomas Potocki ? (un cousin avec lequel j'étais très lié, décédé depuis huit ans). J'en reçois des coups assez forts et très répétés sur l'épaule, pour confirmer la réponse à ma demande. (Mon cousin était enthousiaste et exubérant. Il s'agissait de claques qui retentissaient bruyamment sur mon épaule, et que tous les assistants entendaient.)

« Je le remercie d'être venu et je lui demande s'il voit, en astral, ma sœur morte il y a trois ans. Réponse : oui. Et au même moment, je sens une main de femme se poser doucement sur mon front en me faisant le signe de la croix entouré d'un cercle, comme le faisait toujours ma sœur de son vivant, lorsqu'elle prenait congé de moi. Je reconnais bien sa main, légèrement éclairée par le bord de l'écran lumineux posé sur la table devant moi. La main passe plusieurs fois devant mes yeux, et de plus en plus, j'ai l'impression de la reconnaître. Elle me serre la main, tapote mon visage qu'elle caresse. Je n'ai plus le moindre doute, c'est bien sa main dont je reconnais le contact. Peu de temps après, il se forme une boule lumineuse devant mon visage. Cette boule s'éloigne, puis se rapproche tout près de mon visage, et je perçois à mon grand étonnement et aussi à ma grande joie, les traits parfaitement reconnaissables de ma sœur, qui me sourit comme de son vivant. Elle me parait beaucoup plus jeune telle qu'elle était il y a vingt-cinq ans. (Elle est morte à cinquante-quatre ans !). Le haut de la tête est entouré de voiles nuageux. L'apparition du visage dure seulement quelques secondes. J'ai le temps

de crier : « c'est elle ! », puis tout disparaît. La main trace encore plusieurs fois des signes de croix sur mon front ; un baiser sonore, encore quelques tapotements du visage, puis toute manifestation cesse.
J. Potocki. »

Ces deux citations, prélevées sur la masse si importante aujourd'hui des manifestations métapsychiques, lèvent tous les doutes que l'on pourrait avoir conservé, d'abord sur la réalité des faits eux-mêmes, ensuite sur leur interprétation.

Dans les deux cas, une tête est apparue, a été reconnue, a donné des baisers qui ont été entendus par toute l'assistance, ainsi qu'une voix qui ne provenait d'aucune des personnes présentes. Le contrôle du médium était fait par des expérimentateurs qualifiés, rompus à ce genre de recherches. Rien ne permet de supposer qu'ils auraient pu être victimes d'une supercherie venant de l'extérieur, ou qu'eux-mêmes auront voulu se payer le stupide plaisir de faire une bonne farce.

D'ailleurs, dans d'autres séances de l'Institut Métapsychique, les formes matérialisées étaient si peu hallucinatoires qu'elles ont laissé des moulages de leurs membres temporairement objectivés, toutes précautions ayant été prise, secrètement pour qu'on put reconnaître, par un procédé chimique spécial, s'il y avait eu substitution de la paraffine employée. De plus, ces moulages, soumis à des experts, ont été déclarés inimitables par aucun des procédés techniques actuellement connus.

Voilà des faits contre lesquels toutes les négations viennent se briser, car enfin, ces moulages sont des témoins irrécusables ; c'est aux négateurs quand même à établir la preuve contraire en en faisant de semblables dans les mêmes conditions.

Ces nouvelles expériences ne font que confirmer celles, très nombreuses, obtenues il y a plus de 30 ans par le professeur Denton, en Amérique, et par M. M. Reymers et Oxley, en Angleterre.

Quant aux échecs constatés, tant à l'occasion des recherches de la Sorbonne que de celles pour lesquelles le Matin a organisé un concours, ils ne prouvent rien contre les résultats dont nous venons de parler. C'est un principe élémentaire que cent expériences négatives n'infirment pas un fait positif quand celui-ci est bien contrôlé ; c'était même trop logique pour certains.

Aussi avons-nous assisté à une formidable campagne de presse où tout ce qui compte comme nullité a tenu à donner son avis, à grands coups de tambour. Et cela, naturellement, a produit des raisonnements de peau d'âne. Fort heureusement le bon sens public s'est chargé de remettre les choses au point.

Les deux exemples que nous avons choisis suffisent à établir la réalité des faits, sans que nous soyons obligés de remettre sous les yeux des lecteurs les innombrables attestations et procès-verbaux publiés dans le même sens, sur tous les points du globe, depuis le débuts de ce genre de manifestations.

Voilà donc un point acquis : la survivance est prouvée par les phénomènes de la médiumnité objective. Peut-elle l'être par les phénomènes subjectifs ?

C'est précisément cette question que nous nous proposons de résoudre dans cet ouvrage.

CHAPITRE II
Les Médiums et les Groupes

*Les faits sont plus utiles, même quand on les
conteste, que les théories reçues, même
quand on les soutient.*
                              Homphry Davy.

Le public, plus porté à la critique qu'à l'étude,
est composé de l'immense foule des
ignorants qui forme dans tous les pays une
imposante majorité. Tel pontife qui
condamne sans rémission des faits qui lui
sont complètement étrangers, ne saurait avoir
une opinion personnelle, et si, un matin, il
n'a pas eu le temps de lire son journal, le
voilà tout désemparé, incapable de savoir ce

qu'il doit penser des événements du jour. Or, comme la plupart des journaux ne montrent guère qu'ignorance et incapacité, il s'ensuit que l'opinion publique est complètement faussée, à propos des questions les plus importantes.

On a donc critiqué le spiritisme ; on le critiquera longtemps encore, sans chercher à le comprendre : on a parcouru distraitement quelques livres, quelques revues, on s'est bourré le cerveau de théories mal assimilables ; on s'est ainsi dispensé de réfléchir, mais on a conservé le droit de discuter, de nier, de blâmer et l'on a conclu en donnant pour base au spiritisme les élucubrations de quelques fantaisistes, alors que ses véritables assises reposent sur les travaux de penseurs éminents : Allan Kardec, W.Crookes, Wallace, Lodge, Myers, Hodgson, Hyslop, Zôllner,etc...

Ces hommes-là étaient bien loin d'avoir la foi — celle qui aveugle —. Bien au contraire, ils furent tous, à l'origine, énergiquement défavorables, et ce n'est qu'après 20 ou 25 ans de recherches personnelles, (exemple : Lodge), qu'ils formulèrent leur opinion, déposèrent les armes, s'avouèrent vaincus en termes définitifs. Les phénomènes les plus importants, les plus indiscutables, furent obtenus par ces savants tout d'abord étrangers ou hostiles et finalement convertis au spiritisme. Ces hommes-là, qu'on a qualifié d'apôtres, que l'on a fait dogmatiques à souhait, le furent beaucoup moins dans l'affirmation que leurs adversaires dans la négation. Ils avaient le droit d'affirmer, parce qu'ils savaient, alors que les autres n'avaient pas le droit de nier, parce qu'ils ignoraient.

Quelle peut être, dès lors, la valeur des arguments d'un Maeterlinck prétendant qu'on ne trouve dans les révélations des esprits rien qui permette de croire à leur réalité ? De quel poids peut être l'opinion d'autres personnages aussi incompétents, mais de moindre envergure, lesquels « ne voient dans les soi-disant esprits que des déchets, des sortes de coques astrales qui, après la mort, réalisent inversement et parallèlement le processus de formation embryonnaire qui s'est déroulé avant notre naissance et qui est maintenant un phénomène de décomposition. La grosse erreur de l'hypothèse spirite étroite, dit-on encore, c'est de vouloir prolonger dans l'au-delà l'illusion de notre individualité, de notre petit moi qui nécessaire pour faction est en soi une tare et une limitation. »

Allez-vous reconnaître dans un tel pathos !

Nous ne voyons pas très bien qu'on refuse de croire aux esprits mais qu'on admette sans peine les coques astrales ; ce « processus inverse et parallèle » apparaît aussi limpide que le fameux combat de nègres dans un tunnel, et le débat n'y gagne guère en clarté. Qu'un sceptique « préfère se sentir à l'aise dans le grand Tout qu'à l'étroit dans la grosse erreur spirite », libre à lui. Mais d'abord, il n'est pas certain que nous aurons à choisir.

Quant à dire que les spirites « veulent prolonger dans l'au-delà l'illusion de leur individualité », c'est leur faire un prêt à fonds perdus ; ils ne veulent pas plus cela qu'autre chose. Ils constatent simplement une vérité qui devient de jour en jour plus manifeste, à mesure que le champ de leur connaissance s'accroît par l'expérimentation.

C'est, en effet, par l'expérimentation qu'il faut étudier le spiritisme.

Cela ne nécessite pas d'appareils compliqués, mais un instrument humain, le MÉDIUM, qui est un être difficile à trouver, encore plus difficile à manier, généralement susceptible et ombrageux. Il faut lui pardonner quelques petits défauts, en souvenir de l'espèce faillible dont il fait partie et à laquelle nous appartenons tous.

Le médium est doué d'une faculté particulière qui lui permet, par extériorisation de son énergie psychique, de connaître certains faits passés, présents ou futurs ; pas tous, cependant, car dans ce qui est rapporté par lui, il y a des particularités qui, de toute évidence, n'ont pas pu venir à sa connaissance par la voie des sens, même hyperesthésiés.

Et comme, dans de nombreux cas, ni l'hypothèse télépathique, ni celle de la clairvoyance ou du subconscient ne peuvent être invoquées, on en arrive à cette obligation, absurde si on veut, mais inévitable, d'admettre l'intervention d'une intelligence étrangère à la sienne et à l'humanité vivante.

Oui, il est hors de doute que les médiums, spécialement prédisposés par leur nature et leur constitution, peuvent servir d'intermédiaires entre les vivants et des entités invisibles qui prétendent toujours, et qui prouvent souvent, qu'elles ont autrefois vécu sur la terre.

Certes, les médiums sont exposés à se tromper. Il leur arrive parfois de donner des renseignements incomplets, incohérents, contradictoires ; de répéter des histoires connues ou d'en inventer de toutes pièces, et cela, de très bonne foi.

Nous aurons l'occasion de constater le rôle important du subconscient, dans certaines manifestations. Nous nous trouverons, aussi, devant d'autres cas où le subconscient n'intervient pas, et nous verrons, à mesure que nous avancerons dans notre étude, la part considérable de mystérieux inconnu qui nous reste encore à déchiffrer.

Toutefois, il ne faut pas oublier qu'en matière d'expérimentation, les résultats valent ce que vaut l'instrument. Cent échecs avec un médium de vingtième ordre, en admettant que ce ne soit pas tout simplement un somnambule, ne prouvent pas que le spiritisme soit un leurre ; ils ne sauraient contrebalancer les résultats obtenus par Croockes, Wallace, Lombroso et Cie ; sur dix soi-disant médiums, il y en a neuf à mettre à l'écart ; et parce que l'on n'a pas mis la main sur le dixième, cela signifie-t-il qu'il n'existe pas ? Pour les gens qui ne jurent que par les savants, c'est un bonheur que ce dixième-là, ce soient précisément des savants notoires, des savants officiels, comme ceux que nous avons nommés, qui l'aient expérimenté et consacré.

Quant à vouloir opposer à des expériences faites avec des médiums remarquables, des expériences faites avec des médiums qui n'en sont pas, c'est un contrôle illusoire, puisqu'on ne peut comparer que des phénomènes de même ordre. Les personnages fictifs, créés par autosuggestion, n'ont rien de commun avec les véritables manifestations posthumes, comme nous le démontrerons.

A côté de ces difficultés presque inévitables, entrent en jeu d'autres facteurs qui retardent considérablement la marche du spiritisme ; ce sont le mysticisme, l'absence de sens critique, les excès du *médiumnisme* mal compris, la rivalité des groupes, l'abus des expériences futiles, les séances obscures, la puérilité des manifestations, la béate crédulité de certains adeptes.

Tous ces gens sont bien intentionnés, mais ils ignorent trop souvent les plus simples éléments de la nouvelle science ou les comprennent mal, et leur personnalité morale n'en retire aucun bénéfice. Lorsqu'on essaie de mettre un frein à leur ardeur brouillonne, on se heurte à la sottise et à la vanité. Ils acceptent avec le même enthousiasme le vrai et le faux ; ils se courbent devant l'autorité de soi-disant esprits qui se prétendent supérieurs et omniscients, s'érigent en guides infaillibles et font commettre les pires stupidités.

D'autres, mieux instruits, se laissent, eux aussi, dominer par ces mauvais éléments de l'invisible, oubliant les erreurs et les mystifications auxquelles s'exposent ceux qui sont assez imprudents pour perdre le contrôle d'eux-mêmes. Leur bonne foi incontestable, ne suffit pas à les excuser.

Dans les groupes on rencontre des personnes de toutes les conditions sociales, de tous les niveaux intellectuels, de tous les mondes. Dans leur empressement à se mettre en rapport avec l'au-delà, elles se précipitent impulsivement vers toute lumière qui luit.

« Demander à l'homme, a dit Renan, d'ajourner certains problèmes et de remettre aux siècles futurs de savoir ce qu'il est, quelle place il occupe dans le monde, quelle est la cause du monde et de lui-même, c'est lui demander l'impossible ».

Les principaux mobiles de cette ruée croissante sont nobles et légitimes : besoin de connaître la destinée — besoin de croire à une vie future et réparatrice — besoin de consolation.

Il importe donc que les spirites éclairés donnent à leur philosophie le caractère consolant et moral et les garanties de contrôle sans lesquels elle n'aurait pas de raison d'être.

Cette mission est plus particulièrement réservée aux médiums « ces messagers qui, selon Carlyle, viennent de l'Infini avec des nouvelles pour nous ». Leur étonnante faculté à toujours surexcité la curiosité du public. Gaston Méry ayant fait un article sur Mlle Couesdon, le 14 mars 1896, il reçut à ce sujet plus de milles lettres dans les trois jours qui suivirent cette publication ; deuxième article le 20 mars : les lettres affluèrent de plus belle, demandant le nom et, l'adresse de la voyante. Puis ce fut le tour des journaux qui, tous, publièrent des interviews de M., Mme et Mlle Couesdon. Lord Kitchener et les affaires d'Egypte, Galliéni et Madagascar, passèrent au second rang et furent oubliés pendant, quelques jours.

Une telle curiosité constituait à elle seule un des phénomènes psychologiques les plus étranges du siècle.

CHAPITRE III

La cryptesthésie

Sapiens nihil affirmat quod non probet
(Le savant n'affirme rien qu'il ne puisse prouver).

En présence de ces faits anormaux pour elle, quelle est l'attitude de la science officielle ? disons-le franchement, celle attitude n'est pas à son éloge, au moins en France. Jusqu'à ces derniers temps, elle les avait ignoré de parti-pris et nié systématiquement.

Le professeur RICHET, le premier, le seul, a eu le courage d'affirmer les faits en déposant, sur le bureau de l'Académie des Sciences, son copieux TRAITÉ DE MÉTAPSYCHIQUE.

C'est là un acte. Un acte d'autant plus important qu'il est dû à une des personnalités scientifiques les plus justement réputées de notre époque. Les métapsychistes ne peuvent que s'en féliciter et reconnaître la valeur d'un tel témoignage ; c'est donc avec la plus grande déférence que nous allons analyser, très rapidement, l'œuvre de cet homme éminent, considéré comme un Maître dans le monde entier.

Mais déférence ne veut pas dire abdication, et nous réclamons le droit de dire toute notre pensée sur les questions qui, dans le Traité, touchent à la métapsychique subjective, laissant de côté les phénomènes objectifs auxquels le prof. Richet a donné une explication matérialiste en contradiction avec la nôtre ; il s'est néanmoins attaché à démontrer leur réalité.

Ces phénomènes attirent surtout l'attention parce qu'ils se prêtent mieux aux expériences de laboratoire et qu'ils peuvent être pesés, mesurés, photographiés ou moulés.

Quant aux autres, ceux qui n'ont aucune action sur la matière et qui échappent au contrôle de nos organes sensoriels (lecture et transmission de la pensée, vision et audition à distance, intuition, incarnation, glossolalie, etc...), ceux-là constituent la Métapsychique subjective et l'illustre savant les explique par un mot : LA CRYPTESTHÉSIE, c'est à la cryptesthésie que sont dus les phénomènes subjectifs.

Qu'est-ce donc que la cryptesthésie ?

Le mot n'est pas nouveau ; Flournoy en avait fait usage précédemment dans son ouvrage « Esprits et Médiums » (pages 314 et 316).

Ce n'est pas autre chose que la curieuse faculté à laquelle les anciens magnétiseurs donnaient le nom de lucidité ou de clairvoyance, et que Myers appelait télesthésie. Le professeur Richet, qui se complaît au rôle de parrain, a simplement exhumé cet autre vocable.

Grâce à cette cryptesthésie, les sensitifs peuvent connaître des faits que leurs sens n'ont pu leur révéler « par quels moyens, nous l'ignorons ; plus nous essayons de comprendre cette faculté inaccessible, moins nous comprenons ; sa modalité et son mécanisme nous échappent absolument (page 779). Et l'auteur ajoute : Dire qu'il y a eu cryptesthésie, ce n'est aucunement résoudre les questions troublantes auxquelles nous ne pouvons répondre (p. 780). »

Personne ne songe à nier l'existence de cette faculté ; ce que nous contestons, c'est qu'elle puisse s'appliquer indifféremment à tous les ordres de phénomènes.

Entre autres expériences qui lui ont donné cette certitude débile, il cite la suivante :

« Stella, en présence de G, dont elle ne connaît pas et ne peut connaître la famille, dit les prénoms du fils de G, de sa femme, d'un frère qui est mort, d'un frère qui est vivant, d'un beau-frère et de la localité où G habitait. »

Dans cette expérience, la présence de G. permet, en effet, de révoquer l'hypothèse spirite ; la cryptesthésie suffit ici à tout expliquer, au moins en l'état actuel de la science. Personne ne soutiendra le contraire : ce serait se battre contre une armée de moulins à vent. Mais il en est tout autrement, lorsque, disant être l'esprit d'un mort, une personnalité inconnue de tous vient raconter des événements que personne ne connaît et qu'une enquête ultérieure vérifie.

La cryptesthésie ne suffit pas davantage à expliquer la reproduction parfaite de l'écriture et de la signature des défunts, ni les phénomènes de xénoglossie, c'est-à-dire les langues étrangères, les idiomes rares écrits ou parlés par des médiums qui les ignoraient totalement.

Un sujet magnétisé pourra avoir les gestes d'un prêtre, mais il sera incapable de dire une messe ou de faire des prières en latin. Il imitera les altitudes d'un médecin au chevet d'un malade, mais il lui sera impossible de rédiger correctement une ordonnance.

Maxwell cite Mme Agullana qui « incarnant un médecin ayant vécu au siècle dernier, emploie un langage médical archaïque, donne aux plantes leurs noms médicinaux anciens ; son diagnostic, accompagné d'explications extraordinaires est généralement exact, mais la description des symptômes internes qu'il aperçoit est bien faite pour étonner un médecin du XXe siècle ; les humeurs, le fluide, les molécules du sang y dansent une étrange sarabande. Pourtant mon confrère d'outre-tombe, peu loquace d'ailleurs, reconnaît qu'il y a beaucoup de choses qu'il ignore. Depuis dix ans que je l'observe, il n'a pas varié et présente une continuité logique frappante » (J. Maxwell. — Les phénomènes psychiques, p. 210.).

Maxwell, du reste, conteste le caractère *spiritique* à cette manifestation vraiment typique qui, de son propre aveu, n'a jamais varié. Il préfère ne voir là-dedans qu'une personnalité seconde.

Nous ne sommes pas de son avis. Un sujet hypnotisé ne pourrait reproduire par autosuggestion des personnalités aussi fidèles, aussi logiques, aussi permanentes. Il ne pourra pas davantage parler les langues étrangères : Aksakof cite Laura, la fille du juge Edmunds, qui incarnait l'esprit d'Evangélidès ; celui-ci engagea une conversation en grec moderne avec son frère, qui était présent, et même lui révéla la mort du patriote Botzaris, ignorée de tous.

C'est ici qu'intervient l'hypothèse spirite avec une force qui domine singulièrement toute autre explication. Mais Richet ne veut pas en entendre parler. Son Traité est une charge à fond contre une telle conception qui, prétend-il, aboutit à une religion ; pour lui l'état médianimique n'est qu'un fait d'autosuggestion dont les racines sont inconnues.

C'est encore, à notre sens, une erreur. Qu'un médium, par le jeu du subconscient, puisse évoquer le souvenir d'un mort, en présence d'un parent ou d'un ami, cela n'est pas impossible, bien que cela ne soit pas prouvé. Mais alors, s'il possède la faculté de pouvoir ainsi parler au nom d'un désincarné avec lequel la famille désire se mettre en rapport, il devrait toujours donner satisfaction à ce désir. C'est tout différent dans la pratique et les personnes expérimentées en la matière connaissent bien les échecs multiples qu'elles ne peuvent éviter. Admettons néanmoins l'intervention du subconscient ou même de l'autosuggestion dans ce genre de communications, mais ce que ni le subconscient ni l'autosuggestion ne pourront faire, ce sera de créer, de forger de toutes pièces la personnalité réelle d'un mort que ni lui, ni aucun des assistants n'ont jamais connu.

Ces cas-là, comme ceux de prémonition, comme ceux des identités d'écriture, comme ceux de xénoglossie, Richet prétend les expliquer par la cryptesthésie ; et dès lors, il va s'enliser dans ce sable mouvant avec complaisance et entêtement.

Mais que de restrictions dans son cerveau buté :

« Nous ne reconnaissons dans les cryptesthésies qu'une puissance humaine, une faculté supérieure et inconnue de l'intelligence ; nous devons nous arrêter là, au moins provisoirement (p. 256). —Et puis après tout, qui sait ? Soyons presque aussi réservés dans nos négations que dans nos affirmations (p. 225). — Et puis il y a un tel enchevêtrement des événements que tout est possible (p. 226). »

Comparons en passant ces tergiversations avec la nette affirmation de William Croockes :

JE NE DIS PAS QUE CELA EST POSSIBLE JE DIS QUE CELA EST ; et sans autre commentaire, continuons l'épluchage.

Savourons ceci :

« De tels faits sont très importants ; ils s'expliquent par les théories spirites beaucoup mieux que par la simple hypothèse d'une cryptesthésie... pourtant malgré leur apparence spiritoïde, les faits sont impuissants à me faire conclure que les consciences des défunts assistent, sous la forme de fantômes, à la mort de leurs proches (p. 453). »

Et pourquoi, Maître ? parce que votre postulatum matérialiste vous empêche de conclure suivant la logique. Vous aussi, vous êtes suggestionné par des idées préconçues ; c'est de la cryptesthésie à rebours, mais tellement vacillante qu'elle vous amène encore à dire que « l'existence d'êtres indépendants des êtres humains, si elle ne peut pas être prouvée, ne peut guère être niée non plus (p. 627). »

Entre temps, nous avons salué au passage quelques hymnes qui ne sont pas nouveaux, fruits de cette philosophie allemande des Wirchow, des Büchner, des Moleschott, des Marck, des Ostwald qui a décidément jeté une bien mauvaise semence ; nous avons retrouvé le truisme vieillot qui reproche aux spirites de n'évoquer que des personnages célèbres ; cela fait contre-poids à un autre truisme qui prétend que nous ne correspondons qu'avec des esprits de bas étage.

Voici encore d'autres contradictions :

Dans nombre de cas, l'hypothèse spirite est manifestement absurde (p. 757). — Il ne faut la désirer ni la craindre (769).— Toutefois, c'est timidement que je la combats car je ne puis lui opposer une théorie antagoniste bien satisfaisante (770). — La preuve de la survivance n'a pas été donnée, mais je m'empresse d'ajouter qu'on s'en est approché très fort (778). — Toutes les paroles des grands médiums sont imprégnées, pour ainsi dire, de la théorie d'une survivance ; apparences, peut-être, mais pourquoi ces apparences (773) ?

Et tout cela pour en arriver à dire :

Je ne condamne pas la théorie spirite ; à coup sûr, elle est prématurée ; probablement, elle est erronée (781).

Richet admettrait plutôt, comme hypothèse commode « qu'il y a dans l'univers des êtres mystérieux, doués d'intelligence, anges ou démons, qui prennent l'esprit matériel et psychologique des personnalités humaines ayant disparu ; c'est une manière simpliste de comprendre la plupart des phénomènes métapsychiques (788). »

Mais ce système qui se rapproche singulièrement de celui des religions, ne le retient pas longtemps :

« Si donc (ce que d'ailleurs je ne peux croire), il y a des esprits doués des pouvoirs mystérieux (que je comprends nullement) et d'intentions mystérieuses (que je ne comprends pas davantage), en tout cas, les esprits ne sont pas les consciences des défunts. Ils appartiennent à d'autres mondes, différents de notre monde matériel aussi bien que moral, et s'ils revêtent des apparences humaines, c'est afin de se faire comprendre fragmentairement à nous (789). »

Comment ces êtres en dehors de l'humanité trouvent-ils le moyen de s'exprimer avec des vocables humains ? C'est plus invraisemblable comme hypothèse que l'hypothèse spirite, et la logique nous faisant une loi de ne pas multiplier les causes sans nécessité, nous estimons plus simple d'admettre la survivance de l'âme humaine dans ces manifestations que l'intervention d'entités surnaturelles dont l'existence n'a jamais été établie.

Tout cela est bien vague, bien flou. Tant d'irrésolution, tant de flottement nous montrent que l'auteur cherche encore sa voie, et la fin de ce long débat nous apporte cette conclusion déconcertante :

« Nous n'avons encore aucune hypothèse sérieuse à présenter. En définitive, je crois à l'hypothèse inconnue qui sera celle de l'avenir, hypothèse que je ne puis formuler, car je ne la connais pas. »

Il y a dans cet exposé de Métapsychique subjective, des erreurs de fait choquantes, des contradictions qui seraient à peine excusables chez un simple théoricien. Le professeur Richet, qui a particulièrement expérimenté les phénomènes d'ectoplasmie, ne parait pas avoir eu la même curiosité à l'égard des manifestations purement psychiques, soit que le sujet ne l'ait pas captivé outre mesure, soit qu'il n'ait pas rencontré de médium suffisamment puissant. Sa documentation personnelle est, sur ce point, à peu près nulle. Son éducation s'est faite par des lectures, ce qui est tout à fait insuffisant, car la preuve personnelle ne peut s'acquérir que par l'expérience personnelle. De là, cette abondante compilation de faits obtenus depuis 50 ans par d'autres que par lui, et que nous relisons une fois de plus avec résignation.

Pauvre Hélène Smith ! Pauvre Mme Piper! Pauvre d'Espérance ! surtout, si injustement dédaignée par lui ! Pouviez-vous prévoir que vous seriez un jour si fortement cahotées dans les chars de la Science, tiraillées à hue et à dia par tant d'interprétations divergentes ? La tâche des médiums est vraiment bien ingrate !

Le traité de Métapsychique est une œuvre considérable par ses dimensions ; toute la partie subjective est bourrée de documents déjà anciens, presque tous exotiques. Cela n'enlève rien à leur valeur ; mais pourquoi s'obstiner à aller prendre des exemples fatigués (toujours les mêmes) à l'étranger, lorsqu'on peut en trouver en France, et de fraîche date ? Nos revues spirites, dans ces dernières années, ont fait de nombreuses et remarquables citations que l'auteur du Traité a le tort d'ignorer ou de négliger systématiquement.

C'est un travail à reprendre. S'il s'y décide, le professeur Richet devra mettre en pratique le conseil qu'il donne lui-même aux autres à la page 603 : faire, suivant le principe cartésien, table rase de tout ce qui a été dit et écrit jusqu'ici, et d'abord, se défaire de son apriorisme et de son parti-pris ; se mettre personnellement à l'expérimentation et juger non plus d'après celle des autres, d'après des rapports, des compte-rendus, des procès-verbaux, mais d'après ses propres œuvres.

S'il a la bonne fortune de rencontrer de vrais médiums, s'il se donne la peine de chercher lui-même, sans arrêt, et non point par périodes éloignées correspondant à ses caprices, il constatera que ces médiums ne sont pas des êtres privilégiés qui, par leur connaissance universelle de tous les faits passés, présents ou futurs, joueraient ici-bas les rôles de vice-dieu. Il verra que la survivance peut être contrôlée, vérifiée et prouvée, soumise à notre sens critique, et même tout simplement, à notre bon sens, suivant la juste expression du Dr Geley.

Quant à nous, nous nous refusons à admettre que la clef de la cryptesthésie puisse ouvrir indifféremment toutes les serrures métapsychiques ; nous ne saurions l'accepter pour expliquer tous les phénomènes subjectifs, car elle attribue ces phénomènes à des causes indéterminées dont l'existence elle-même reste encore à démontrer, ce qui est contraire à la méthode scientifique.

Les expériences que nous poursuivons depuis longtemps nous ont prouvé l'insuffisance de la cryptesthésie : c'est ce que nous allons démontrer par l'exposé de nos recherches.

CHAPITRE IV
L'Incarnation et la Voyance

Ce sont des demi-savants, ceux qui condamnent des recherches telles que les vôtres.

Henri Bergson.

Après plusieurs années d'inaction due à cette malheureuse guerre qui ne finissait pas, nous avons repris notre travail dans un milieu tout nouveau pour Albertine (Voir dans les Témoins Posthumes les débuts de sa médiumnité.) ; sa faculté, si longtemps mise au repos, s'est retrouvée intacte et n'a pas tardé à se développer ; elle s'est complétée de deux facultés nouvelles : la reproduction fidèle de l'agonie du désincarné et la simulation parfaite de l'état de mort.

Voici le processus de l'expérience.

Albertine s'endort d'elle-même après une brève invocation à l'esprit guide. Elle est prise de mouvements convulsifs, d'agitation, de tremblements nerveux ; sa respiration devient saccadée, haletante ; elle pousse des plaintes, des soupirs ; ses mains font le geste habituel aux moribonds, de ramener les draps ; des hoquets violents, de bruyants borborygmes se produisent parfois. Suivant la nature de la maladie qui a emporté le patient, tantôt le médium est pris d'une toux persistante de tuberculeux, tantôt son ventre s'enfle démesurément sous l'effet d'une hydropisie factice, tantôt sa figure se déforme, normale d'un côté, contracturée de l'autre, donnant ainsi l'apparence d'un visage d'hémiplégique. Si elle incarne un soldat tué à la guerre, elle abrite sa tête de la mitraille avec ses bras, ou bien elle épaule son fusil, ou bien tout son corps se courbe par instants comme pour éviter les éclats d'obus. Chaque agonie varie et se présente avec ses caractères spécifiques.

Les parents, les amis, les personnes qui ont assisté le défunt à ses derniers moments reconnaissent ces gestes, ces déformations du visage ou du corps. M. B... professeur-adjoint au lycée de Bordeaux, reconnut parfaitement l'agonie de son fils qui s'était faite en deux temps : il avait rendu le dernier soupir ; le croyant tout à fait mort, on lui avait fermé les yeux et mis une mentonnière pour maintenir la bouche fermée. Au bout d'un moment, il fit quelques légers mouvements, rouvrit les yeux, poussa de petits soupirs et retomba finalement dans le dernier sommeil. Albertine incarnant cet esprit, qu'elle n'avait jamais connu, reproduisit ces deux phases dans tous leurs détails.

Nous devons ajouter que le médium n'a jamais assisté à aucune agonie, ni au décès de qui que ce soit. Dans son enfance, à cause de son extrême sensibilité, on l'a toujours écartée du lit des mourants. Ce n'est donc pas par souvenir conscient ou subconscient qu'elle peut donner aussi fidèlement la reproduction des gestes, des mouvements ou des déformations spéciales à chaque moribond.

La durée de cette partie de la transe est plus ou moins longue (5 à 10 minutes environ), et se termine brusquement par un soubresaut qui projette souvent le médium hors de son fauteuil.

C'est la deuxième partie de la transe, celle qui représente l'état de mort, l'état thanatoïde, pour employer l'expression parfaitement appropriée du docteur Gibier. Dans cet état, le corps tout entier acquiert la raideur cadavérique ; plus de mouvements, presque plus de respiration. L'usage des sens est complètement aboli. Pour sortir Albertine de cet état de contracture, on devait lui faire des insufflations sur tout le corps et dans l'intérieur des mains crispées ; puis des passes transversales qui produisaient autour d'elle une grande agitation de l'air et enfin des passes remontantes le long des membres et du corps tout entier. Tous ces moyens n'agissant qu'avec lenteur, nous demandâmes un jour à Camillo, notre guide, s'il n'y aurait pas un procédé plus rapide pour faire perdre au médium sa raideur cadavérique.

Camillo indiqua alors que l'expérimentateur devait diriger l'extrémité de ses dix doigts sur le creux de l'estomac du sujet, en appuyant légèrement. Nous fîmes ainsi à la première occasion. Le résultat fut immédiat. Dès que les doigts de l'expérimentateur eurent touché le plexus solaire du médium, le corps se détendit et reprit sa souplesse ; la respiration se ranima, les fonctions vitales se rétablirent rapidement.

Nous avons, dès lors, continué à pratiquer ce moyen qui ne figure, à notre connaissance, dans aucun manuel, et qui nous fut indiqué par notre guide, il nous a toujours donné les mêmes résultats,

Ces deux phases de l'agonie sont généralement pénibles pour ceux qui les voient la première fois. Ce ne sont que des représentations, des simulacres de la mort. Les souffrances présentées par le médium ne sont que figurées. En réalité, il ne souffre pas plus qu'un sujet en état d'hypnose auquel on suggère qu'il est découpé en morceaux. Lorsqu'il est réveillé et bien dégagé, pour tant qu'il ait été secoué, son organisme ne s'en ressent nullement. Il reprend aussitôt la vie normale ; son caractère gai reparaît ; il mange et dort comme tout le monde et même mieux.

Quand le médium est sorti de la catalepsie, on commence à lui poser des questions pour connaître l'identité de l'esprit auquel on a affaire. Il faut, la plupart du temps, multiplier ces questions, car, tout d'abord, l'entité se présente comme quelqu'un qui sort d'un long sommeil. L'esprit ne sait pas trop où il en est ; il éprouve, dit-il, beaucoup de peine à entrer là-dedans. Là-dedans, c'est le corps du médium, et l'on voit, en effet, celui-ci faire des efforts, comme s'il avait de la gêne, de la difficulté pour se revêtir d'un costume trop étroit.

Les esprits qui ne se sont jamais communiqués, et c'est le cas du plus grand nombre, se croient encore vivants, soit dans leur lit, en butte au mal, fiévreux, réclamant à boire, se plaignant du bruit ; soit à leurs occupations habituelles, sciant du bois, arrosant des fleurs, établissant des comptes, il faut leur apprendre leur situation présente, à laquelle ils ne veulent pas croire ; ils protestent énergiquement quand on leur dit qu'ils sont morts. Ils se figurent toujours être à la date de leur décès et quand on leur fait connaître la date réelle à laquelle on se trouve, ils manifestent un grand étonnement.

Par demandes et par réponses, on obtient des renseignements sur leur vie terrestre. Ces renseignements, parfois d'une grande exactitude, parfois complètement faux, sont accompagnés de gestes appropriés qui constituent un sujet d'études psychologiques fort intéressant. Quand le désincarné n'a plus rien à dire, on le remercie et on le laisse partir. Le médium se réveille alors tout seul, comme il s'est endormi, sans qu'il soit nécessaire qu'on s'occupe de lui.

Dans les premiers temps, il lui arrivait d'éprouver quelque lassitude, quelque lourdeur de tête, après certaines incarnations qui l'avaient trop malmené. En ce cas, il fallait le dégager par des passes transversales, faire des insufflations sur le visage, ranimer la circulation, réchauffer les membres refroidis par des frictions énergiques, décongestionner le cerveau par l'imposition des mains sur les extrémités inférieures.

Tout cela n'allait pas sans beaucoup de fatigue. Nous cherchâmes alors un moyen plus pratique pour dégager le médium. Depuis longtemps, nous avions remarqué l'action bienfaisante exercée sur lui par certains esprits familiers. Lorsqu'ils s'étaient manifestés par Albertine, qu'ils avaient en quelque sorte traversé son organisme, ils emportaient en se retirant toute l'influence déprimante qu'auraient pu laisser ceux qui les avaient précédés.

Nous prîmes alors l'habitude, avant de clôturer les séances, d'appeler un de nos guides et de le laisser quelques minutes sur le médium ; lorsque le guide se retire, Albertine se réveille d'elle-même, sans malaise ni lourdeur, complètement dégagée, n'ayant conservé aucun souvenir de ce qui s'est passé pendant son sommeil.

Enfin, depuis quelques années, elle a acquis une faculté nouvelle : la voyance.

Dès qu'elle est réveillée, des images plus ou moins nettes se forment devant elles et défilent, pareilles à des projections cinématographiques.

Ces images, ces tableaux se rapportent presque toujours aux scènes de l'incarnation. Elle revoit les figures de tout à l'heure, les événements dont elle vient de parler. Des noms de famille ou de pays, des dates qu'elle avait imparfaitement donnés lui apparaissent, et parfois sont écrits à l'envers ; elle doit alors les épeler lettre par lettre ou les déchiffrer pour qu'on puisse en comprendre le sens. D'autres fois, au lieu de voir ces noms ou ces dates, elle les entend ; c'est comme une voix intérieure, ayant une résonance objective.

Si quelqu'un s'interpose entre elle et les clichés, ces derniers se déplacent et viennent se mettre devant la personne interposée, de sorte que la vision n'est pas interrompue. Dans cet état particulier, le médium a repris toute sa conscience ; il commente ses visions qui, parfois, l'amusent beaucoup ; il cause, plaisante, discute très librement avec des voisins.

Pour nous résumer, Albertine s'endort toute seule, passe par les trois états classiques : léthargie — catalepsie — somnambulisme ; pendant la transe, on voit parfois sa main se lever et faire des passes sur son front : c'est le guide qui emploie ce moyen efficace pour la décongestionner lorsqu'il lui trouve trop de fatigue cérébrale. Ensuite elle s'éveille seule.

C'est par expérience que nous avons été conduits à admettre cette possibilité pour le médium de s'endormir et de se réveiller, grâce à l'intervention de Camillo qui, depuis longtemps, s'est chargé de ce soin.

Il semble, en effet, que les esprits ont un pouvoir bien supérieur au nôtre pour agir sur les sujets. La caissière de M. Greliez propriétaire de l'hôtel d'Angleterre, au Havre, était médium. Un jour que Donato était descendu dans cet hôtel, M. Greliez, qui était spirite, lui dit que les esprits avaient le pouvoir d'empêcher un magnétiseur d'agir sur un sujet. Donato, à ce moment encore incrédule, n'en voulait rien croire. M. Greliez lui proposa d'agir sur sa caissière, et au bout de quelques instants celle-ci était sous la domination du magnétiseur. Le lendemain Donato ayant été prié de renouveler son expérience, il ne put parvenir à provoquer le sommeil ni à donner la moindre suggestion au sujet ; celui-ci voyait deux mains fluidiques qui le dégageaient au fur et à mesure que le magnétiseur faisait ses passes. Ce fut un des premiers phénomènes qui attirèrent l'attention de Donato sur le spiritisme et l'amenèrent plus tard à en admettre la réalité.

Toutes ces phases par lesquelles passe Albertine sont extrêmement intéressantes à étudier. Elles avaient été déjà observées sur Hélène Smith et minutieusement décrites par Flournoy (Flournoy. —Des Indes à la planète mars, pages 266 et 331.). Il importe de noter la rigoureuse analogie des manifestations chez les deux médiums, et de remarquer qu'Albertine n'a jamais lu le livre du célèbre psychologue.

Chez elle, encore, comme chez Hélène Smith, la voyance n'est pas exclusivement limitée aux séances spirites.

Lorsque, en dehors des incarnations, Albertine se trouve dans une réunion d'amis, si quelqu'un lui en fait la demande, elle visualise à l'état de veille. Elle n'a qu'à se recueillir un moment pour voir, dans les mêmes conditions que ci-dessus, les clichés intéressant l'existence, les préoccupations des personnes qui l'interrogent, et cela sans qu'on lui remette le moindre objet.

Ces clichés se succèdent chez elle très lentement et sont généralement d'une grande exactitude ; ils se rapportent presque exclusivement à des faits passés ou présents, rarement futurs, et dans ce dernier cas, les événements qu'elle annonce ne se réalisent pas toujours. Ainsi que la plupart des voyants, elle a des visions remarquables pour les autres, mais jamais pour ce qui la concerne personnellement.

Il est prouvé par nos expériences que cette faculté est un phénomène constant, qu'on peut reproduire pour ainsi dire à volonté, et simplement variable d'intensité et de clarté.

La santé d'Albertine est parfaite ; elle est très bien équilibrée, au double point de vue physiologique et psychologique. Contrairement aux tendances hystériques que l'on veut toujours découvrir à tout prix chez les médiums, elle est absolument normale, et tout au plus un peu vive de caractère. Elle n'a jamais eu dans sa vie une seule crise de nerfs, mais seulement, au moment de sa formation, quelques défaillances inhérentes à cet âge, provoquées par la fatigue. Elle souffre rarement de la tête et dort régulièrement d'un sommeil d'enfant, exempt d'agitation, il serait, impossible de lui trouver la moindre trace de psychopathie, Chez elle, la médiumnité est un fait naturel, développé par l'entraînement, et non un accident morbide.

Son enfant âgé de 4 ans, est une merveille de beauté plastique et de vigueur ; en le voyant, on a l'impression d'une nature débordante de santé et de vie ; il est d'une extraordinaire précocité comme force et intelligence.

Les parents d'Albertine sont de robustes campagnards sans autre tare physiologique qu'une surdité chez la mère, provenant, d'après les spécialistes, d'un endurcissement hâtif du tympan. Ses grands-parents, ses aïeux eurent dans leur pays la réputation justifiée de vivre très vieux.

Albertine était sans doute prédisposée à devenir médium par sa sensibilité, sa finesse de perception ; on pourrait en dire autant de beaucoup d'autres personnes qui conservent la crainte de se laisser aller à leur tempérament. En tout cas, durant son enfance, loin d'être visionnaire ou rêveuse, elle a révélé, au contraire, un caractère pratique et actif. On ne retrouve, dans son passé, ni amour du surnaturel, ni hallucinations, ni tendance à l'automatisme. Quant on s'aperçut qu'elle avait quelques facultés médiumniques, bien rudimentaires, il fut nécessaire de les développer, pendant de longs mois, par un entraînement continu.

Etat physiologique du sujet. — Les constatations suivantes ont été faites, à différentes reprises par les docteurs Viguier, Maurice Dircksen, Georges Dircksen et Pigot, au cours de nos séances.

Pulsations / Respirations

	Pulsations	Respirations
Sujet normal éveillé	84	21
Pendant l'incarnation de Camillo	92	40
vieillard avec amplitude bien plus grande d'Arthur Moser (42 ans)	84 à 96	26
de Yéyé (2 ans et demi)	84	24 à 26
de Duhêtre (84 ans)	94	42
très fortes		

On remarquera les différences notables des battements du cœur et de la respiration, suivant que le sujet est dans son état normal ou qu'il incarne soit un vieillard, soit un enfant.

Néanmoins il serait prématuré de tirer, de ces constatations, des conclusions définitives ; le tableau suivant nous montre, tout au moins en ce qui concerne l'enfant Yéyé, que le nombre de ses pulsations ne correspondait pas à celles d'un enfant de son âge :

Pouls	1 an	134	de 25 à 50 ans	72
	3 ans	108	à 60 ans	75
	6 ans	90	à 80 ans	80
	10 ans	80	à 85 ans	93

Il y a là un sujet d'études fort intéressant que nous recommandons aux biologistes, et que nous reprendrons d'ailleurs, incessamment, pour notre compte personnel.

Dans les dernières séances, pour serrer la réalité de plus près, nous avons pris l'habitude de faire, non seulement des constatations physiologiques sur le sujet, mais nous avons également demandé aux incarnés quelques lignes d'écriture et leur signature. Nous continuerons ces recherches et nous tâcherons, lorsque cela sera possible, de comparer l'écriture et la signature des défunts avec celles que nous aurons obtenues. Ces documents psychologiques sont de première importance et constitueront de nouvelles preuves de la plus grande valeur. Les savants ne conserveront pas toujours l'entêtement du professeur Flournoy, qui ne voulut jamais reconnaître aux signatures du curé Burnier et du syndic Chaumontet une ressemblance que le plus incapable des experts ne leur eût pas refusée.

Disons, enfin, que pour établir les faits d'une façon irréfutable, nous avons eu soin de joindre aux procès-verbaux, toutes les fois que cela était possible, les références correspondantes, c'est-à-dire les noms et adresses des témoins et des enquêteurs. On pourra ainsi se renseigner auprès de ces personnes, toutes honorables, et qui sont prêtes à certifier la véracité de nos citations.

CHAPITRE V
Visions à l'état de veille

Douter de tout ou tout croire, ce sont deux solutions également commodes, qui, l'une et l'autre, nous dispensent de réfléchir.

Henry Poincaré.

La première vision d'Albertine remonte à l'année 1919. Elle se trouvait chez le commandant Darget où l'on se réunissait entre intimes toutes les semaines. A sa grande surprise, elle vit des formes humaines se montrer à côté d'une des assistantes.

« Madame, dit-elle à cette dernière, vous avez auprès de vous des enfants. Je vois un jeune homme derrière vous. Il s'appelle Pierre. C'est votre fils aîné.

— Oui, c'est vrai ; demandez-lui s'il peut me dire où est Georges ?

— Pierre répond : maman, c'est une épreuve ; tu auras une vision dans un rêve, et tu verras où est Georges. »

Quoique impressionnée par l'imprévu de cette manifestation, Albertine n'éprouva aucune frayeur ; depuis plusieurs années, son guide Camillo lui avait annoncé qu'elle acquerrait cette faculté, et elle y était un peu préparée. Bien que les renseignements donnés dans cette première séance aient été peu nombreux, leur exactitude fut pour elle un encouragement précieux.

De ce moment, les visions se représentèrent à chaque réunion. Nous ne les avons pas toutes relevées, bien entendu ; nous nous sommes contentés de recueillir les plus caractéristiques, évitant ainsi de tomber dans de fastidieuses répétitions.

Circonstance importante à noter : à cette époque, Albertine allaitait son enfant. Pendant la grossesse et pendant l'allaitement, elle n'a pas fait une seule incarnation ; elle n'a eu que des visions, comme si une puissance supérieure avait eu la prévoyance de ne pas surmener la maman. Elle ne recommença à produire des phénomènes d'incarnation qu'après le sevrage de l'enfant.

Au début des expériences, son poids normal était de 47 kilos ; au bout de trois années de travail médianimique, elle en pèse 57. Preuve de l'innocuité de la médiumnité, quand elle est bien dirigée.

Autre vision chez le commandant Darget
« Je vois auprès de vous, dit-elle à Mme Capéra, un jeune homme avec une vareuse, des molletières, brun, cheveux frisé abondants ; il me dit qu'il s'appelle Marcel. C'est un de vos parents.

— Oui.

— C'est un suicidé. Il a à la tempe une tâche noire produite par une balle de revolver. Il était neurasthénique. Il s'est tué dehors ; je vois un bois. Il a à la main un indicateur des chemins de fer. Ses parents étaient très pieux, et il est parti de la maison, croyant ainsi leur causer moins de chagrin ».

Albertine donne la date du décès, qui est reconnue exacte, ainsi que les renseignements ci-dessus, puis elle continue : « C'était un oisif. Il chassait. Je vois un basset blanc tâché de feu, et un autre chien plus grand. Il a dû se suicider en allant à la chasse ».

Ces détails étaient également exacts. La veille du suicide, Marcel avait pris un indicateur, comme pour s'informer de l'heure des trains, et faire croire à ses parents qu'il allait en voyage.

Visions du général Fix et de Papus :
(Chez le commandant, Darget).
« Je vois un monsieur grand, maigre, 80 ans environ derrière cette dame ».
La dame ainsi désignée est très forte et Albertine ne la connaît pas.
Le commandant. Darget insiste :
« Qui est-ce ?
— J'entends... Fix.
— Ah ! c'est le général Fix ; très bien, mais il ne doit pas venir seul. Regardez bien.
— Oui ; je vois maintenant une autre forme : un homme avec une barbe noire entremêlée de poils blancs ; taille moyenne, forte corpulence, de gros yeux désorbités, une bouche épaisse ; je lui vois une boule lumineuse sur la tête. De ses doigts sortent des rayons. Il devait être médium.
— Insistez ; peut-être vous dira-t-il son nom.
— Je vois écrit : Papus ».
Mme Darget, qui est une excellente voyante, confirme cette vision. Albertine retrace alors la vie intime de Papus, qu'elle n'a pas connu, avec une grande abondance de détails intimes ; ces détails sont déclarés exacts par la dame forte qui est Mme Encausse elle-même, également inconnue du médium.

Voici maintenant quelques extraits de procès-verbaux, relatant des visions qu'eût Albertine dans le salon de Mme Capéra.

Réunion du 13 octobre 1919
Le médium voit à côté de Mme B... un militaire gradé, jeune, très grand et très fort, joli visage, yeux clairs, cheveux rejetés en arrière, front haut et dégagé ; elle dit qu'il a dû être tué sur le coup, sans avoir le temps de souffrir. Je sens que ce militaire insiste, car il veut vous enlever cette douloureuse pensée. — Je vois maintenant une autre personne à côté de ce militaire : homme âgé, cheveux blancs ; a dû mourir vers 55 ans, mais paraissait plus âgé. Il était marié, et je crois, de la même famille que le militaire. Ce doit être son père ». Mme B reconnaît comme parfaitement exact tout ce qui a été dit.

« Le médium voit ensuite devant Mme D... un vieillard paraissant âgé de 75 ans, tenant une canne béquille qui lui servait à marcher en tâtonnant, comme un aveugle ou un infirme ; c'est un militaire retraité ; il est chauve, maigre, plutôt petit ; il n'est pas mort à Paris. Je le vois dans une propriété du Midi, où il est mort. Je le vois dans un fauteuil d'osier, dans lequel il se tenait habituellement. Il se frotte les mains et il attend qu'une de ses filles lui fasse la lecture des journaux. C'est la plus jeune qui était chargée de ce soin, vous, vous étiez l'aînée.

« Le médium indique la date de la mort, et voit ensuite une jeune femme posant sa main sur l'épaule du vieillard d'un air protecteur. Cette jeune femme a dû mourir d'une maladie du ventre ou à la suite de couches. — Mme D. reconnaît sa mère, morte en couches, mais elle s'étonne qu'on la voit si jeune, à côté de son père mort vieux. Le médium répond que sa mère n'a pas vieilli en même temps que son père, puisque l'esprit se montre tel qu'il était au moment de sa mort.

A ce moment, comme pour donner une explication, le vieillard se représente tel qu'il était à 30 ans, en officier, avec le grade de capitaine qu'il avait lorsqu'il se maria et qu'il tenait garnison dans le Midi. Tous les détails ci-dessus sont reconnus exacts par Mme D ».

Remarquons, en passant, que le père de Mme D., s'est montré au médium d'abord à l'âge de 75 ans, puis à 30 ans. Voici l'explication de cette étrange faculté : le périsprit possède le pouvoir de reprendre un instant, sous l'influence de sa propre volonté, une des formes quelconques qu'il a évoluées au cours de sa vie terrestre. il peut reconstituer soit comme enfant, soit comme adulte, soit comme vieillard, toutes les étapes de son existence passée. C'est là un phénomène d'idéoplastie qui est tout à fait général et que tous les bons médiums voyants ont constaté. Il existe même des cas où l'esprit matérialisé a pu reprendre sous les yeux des assistants la forme qu'il avait, non pas au moment de son décès, mais lorsqu'il était dans la pleine vigueur de l'âge (cas Brackett).

Continuons à feuilleter le registre des procès-verbaux tenus chez Mme Capéra.

Réunion du 27 octobre 1919

« Le médium non endormi, a vu un jeune homme paraissant 20 ans et un militaire paraissant 45 ans. Aux signalements donnés, Mme Meis... a reconnu son fils et son mari, morts à peu de jours de distance ; le premier n'avait que 17 ans et le second 39, mais vivants, ils accusaient tous les deux plus que leur âge. Le fils s'est montré d'une façon très caractéristique, avec une ceinture sur un veston civil, chose très exacte qu'il faisait de son vivant pour taquiner sa mère. Le médium a vu ensuite une personne âgée, paraissant 60 ans, petite, grosse, posant ses mains sur son ventre, coiffée avec un foulard à la mode de Gascogne. Mme Meis... a reconnu sa mère qui était ainsi coiffée et affectionnait cette pose.

« Le médium vit ensuite au milieu du salon une machine à écrire entourée d'une quantité de papiers ; elle vit une forme féminine blonde, paraissant 25 ans, mais c'était une vision de personne vivante. Il s'agit d'une orpheline dont les parents sont morts à Paris ; elle reçoit des quantités de papier à copier, comme des factures, Mme Capéra se rappela qu'une jeune amie répondant à ce signalement cherchait du travail à faire chez elle. Le médium déclara qu'elle réussirait. (A la fin de la séance, une jeune fille est entrée et le médium l'a reconnue comme étant celle dont il vient d'être question. Le lendemain, Mme Capéra apprit que la jeune fille avait acheté une machine à écrire, et plus tard elle sut qu'elle avait plus de travail qu'elle ne pouvait en faire).

« Le médium voit ensuite un monsieur en veston ayant l'air d'un gérant d'hôtel, avec des serviettes sous le bras qu'il rangeait ensuite sur une table comme s'il mettait un couvert, et mort subitement. Elle ajoute qu'elle voit un réchaud. Mme Dag... déclare avoir connu ce monsieur qui mourut asphyxié avec sa femme, par suite de la rupture d'un tuyau de gaz.

« Après un instant, le médium vit près de Mme Jac... un soldat portant deux objets faits avec des fusées d'obus. Mme Jac... se souvient qu'un des derniers cadeaux rapportés du front par son fils à sa jeune femme était précisément deux vases faits avec des fusées d'obus, et il s'agissait d'autant plus de ce fils qu'il a dit son nom au médium, en le priant de dire à sa mère de se rapprocher autant que possible de sa jeune femme ».

Comme on le voit, cette journée fut bien remplie. A signaler tout particulièrement la vision de la jeune fille vivante. C'est un fait fréquent qui ne peut s'expliquer autrement que par la télépathie ; la jeune fille en question était préoccupée par le désir d'acheter une machine à écrire et la crainte de ne pas réussir dans ses entreprises ; ses pensées ont impressionné le cerveau du percipient ; celui-ci a vu en même temps la personne préoccupée et ce qui faisait l'objet de ses préoccupations. La vision était remarquablement nette, puisque, quelques instants après, le médium a reconnu, au moment où elle entrait dans le salon et avant que personne n'eût parlé, cette jeune fille qu'elle ne connaissait pas.

Réunion du 10 novembre 1919

« Le médium vit près de Mme Vi .. un monsieur à longs cheveux, âgé d'environ 40 ans, qui se faisait ou auquel on faisait des piqûres. Comme Mme Vi... ne reconnaissait pas l'esprit, et que le médium éprouvait, des souffrances, Mme Vi... lui conseilla de laisser cette vision. A la fin de la séance, le même esprit était auprès de Mme Vi... et le médium, insistant, dit qu'il venait certainement pour cette dame. Elle ajouta que c'était un morphinomane, qu'il était en chemise de nuit et que cette chemise était marquée de l'initiale R. Mme V., s'est rappelé subitement d'un docteur Raymond (Le nom du docteur est changé) qu'elle avait connu autrefois et qui était mort depuis 20 ans au moins, c'est pourquoi elle n'y pensait pas. — Le médium précisa alors que le docteur avait fait ses études à Montpellier et qu'il avait habité Montmartre. Ici des renseignements intimes. — Le médium a vu un petit garçon et une jeune femme, le fils et la femme du docteur.

Elle a ensuite vu le jeune homme en soldat. Le fils du docteur R. est, un effet, sous les drapeaux à l'heure actuelle ».

Ici encore, nous notons la faculté de l'esprit désincarné à pouvoir se montrer à différents âges de son existence terrestre. Nous n'avons jamais observé ce curieux phénomène lorsqu'il s'agissait d'incarnés vus par télépathie.

Réunion du 22 décembre 1919
Procès-verbal rédigé par Mme Darget.

« Réunies une vingtaine de personnes chez madame Capéra, autour d'une table que la maîtresse de céans disait être très vieille, j'ai dit en plaisantant : la mienne est plus vieille encore ; elle servait l'année de la naissance de mon grand-père en 1793.

« Le médium dit alors : Votre grand-père a été soldat, d'abord ; il ne s'est marié qu'étant redevenu civil ; il a eu beaucoup d'enfants, mais n'en a élevé que cinq, dont l'aînée, une fille et le plus jeune, un garçon.

« —Tout cela est parfaitement, exact, répondis-je ; puis le médium me dépeignit mon grand-père, mais ne l'ayant pas connu, je n'ai pu contrôler comme pour les précédentes visions. J'ai remarqué seulement cette particularité, que je connaissais de par ma grand-mère, que mon grand-père était absolument rasé et ne portait même pas la moustache.

« Je dis alors : puisque vous voyez si bien cette famille, tâchez de voir ce qui est arrivé de particulier à un des enfants.

« — Ah ! dit-elle, c'est une fille ! Je la vois comme un gros paquet, ne pouvant respirer ; c'est un accident sûrement, mais je ne vois pas lequel.

— « C'est très bien. dis-je ; c'est en effet une jeune fille morte brûlée vive à 19 ans, et vous la voyez comme un paquet parce qu'en effet, on l'avait entourée de ouate sur tout le corps qui n'était qu'une plaie.

— « Mais, poursuivit le médium, elle s'appelait Berthe, et ce que je vois est très singulier : elle et vous êtes la même personne.
— « Ah ! dis-je, alors elle s'est réincarnée chez sa sœur, (dans la famille de sa sœur) et je fis mentalement le compte des années. Cette tante est morte 3 ans 1/2 avant ma naissance ; la chose est donc tout à fait possible. Je ne l'ai point connu et ne sais la cause affreuse de sa mort que par ce que m'en ont dit ma grand-mère et ma mère. Ce que je sais, c'est que je porte le même prénom qu'elle, Berthe. Comme dans ma famille on ne connaissait pas la doctrine spirite et les réincarnations, jamais personne n'a pensé à cela ; évidemment, le contrôle ne peut être fait, comme j'ai fait celui de la première partie de la vision qui est d'une exactitude remarquable ».

Ce qu'il y a de particulier à noter dans cette manifestation, c'est que la vision du grand père a été provoquée par une réflexion de Mme Darget ; il a répondu à son appel involontaire, instantanément, comme cela se produit si souvent dans les incarnations ; ceci semble donner raison à l'hypothèse spirite. Néanmoins, nous ne la retiendrons pas ici, pas plus que nous ne la retiendrons toutes les fois que l'on pourra expliquer les faits par un facteur purement humain ; ce facteur est, le plus généralement, la télépathie.

Réunion du 23 février 1920

« Le médium voit devant Mme Al... une sage-femme et lui demande si elle en connaît une. Sur sa réponse négative, elle ajoute : cependant, elle est bien là pour quelque chose, car elle paraît tenir un enfant dans son tablier. N'avez-vous pas eu un enfant qui n'a pas vécu ?

«Mme Al... répond qu'en effet elle eût un fils ; mais accouchée par une sage-femme, l'enfant vint mort, le travail s'étant fait trop lentement.

» Le médium ajoute : vous avez eu un autre enfant, une fille.

— « Oui.

— « Eh bien, le premier enfant s'est incarné dans l'autre ; le fils est devenu une fille.

« Là-dessus, Mme Al... s'écrie que sa fille n'eut, enfant, que des goûts de garçon ; jamais de poupées, mais des fusils, sabres, tambours, képis, soldats de plomb, et qu'elle a gardé à 25 ans une allure et des goûts peu féminins.

« Le médium demande encore à Mme Al... si elle connaît quelqu'un du nom de Louis ; c'est le nom du garçon de laboratoire de mon mari, répond cette dame. »

Les présomptions de réincarnation ne sont pas suffisamment établies, dans la vision ci-dessus, et l'on ne peut, bien entendu, en parler que pour mémoire.

Réunion du 23 mars 1920

« Madame Capéra fait venir sa bonne qui s'assoit toute émue et fond en larmes ; après un instant, le médium dit que cette bonne a été victime d'un vol ; qu'on lui a pris un corset, du linge, une montre d'argent et de l'argent, environ deux cent francs au moins. Ceci était exact et le médium n'avait pas eu connaissance de ce vol qui avait eu lieu quelques jours auparavant. Le médium dit aussi qu'elle voyait le palier où donnait cette chambre qui se trouve la dernière à droite dans le couloir, précise-t-elle. Elle ajoute que la voleuse qui n'est pas à son coup d'essai, a transporté son butin dans la rue Broca. Elle ajoute que la petite montre a un dessin un peu spécial sur le boîtier, que cela ressemble à un cœur. La bonne dit qu'en effet, c'est une montre que son frère lui a rapporté d'Allemagne où il a été prisonnier de guerre et que le dessin est bien un cœur entouré de fleurettes. »

Visions chez M. Piart

M. Piart, demeurant à Saint-Denis, 16, rue des Ursulines, a rédigé les deux procès-verbaux ci-après, relatifs à des visions d'Albertine le concernant.

« 30 octobre 1920. — Le médium voit un jeune homme qui écrit son nom : Marcel ; il est mon neveu tué à la guerre. Il lui présente une photo d'une jeune femme qui s'est mariée dernièrement ; mais ne voulant ou ne pouvant indiquer le pays du mariage, il fait voir une étendue d'eau. C'est, en effet, sur les bords de la Marne qu'a eu lieu la cérémonie (mariage de sa sœur). A côté de mon neveu, le médium voit un homme paraissant âgé de 55 ans, gros et très fort, qui appelle Jules. C'est mon nom et mon beau-frère était très fort. Le médium me dit : « Il était donc pêcheur ? Il me fait voir une quantité de poissons »; non, mon beau-frère n'était pas pêcheur, mais toute sa vie, il a fait des boîtes en fer blanc et sondé les couvercles avec les poissons dans les boîtes.
Jules Piard ».

« 6 novembre 1920. — Le médium a très bien vu le mari de madame D... décédé, a dit son petit nom et celui de Mme D... Il a désigné la maladie du défunt et à mentionné une saignée faite au malade avant sa mort.
Jules Piard ».

Séances chez Camille Flammarion
En avril et en mai 1922, Albertine fit, au domicile de Camille Flammarion, une série de séances privées qui n'ont pas manqué

d'intérêt et dont voici le compte-rendu résumé.

27 avril. — Albertine voit un grand nombre de personnages groupés, tous anciens amis de la maison et qui continuent à la visiter après leur mort. Les visages ont l'apparence de la vie, mais les corps sont incomplètement formés : la plupart d'entre eux sont simplement matérialisés jusqu'à la ceinture. Le médium en distingue un dont elle donne le nom Didier : « c'est dit-elle, celui qui fut votre premier éditeur avec la Pluralité des mondes habités. Il paraît avoir 70 ans ; il mourut en 1865, au mois de décembre ; sa mort fut subite dans un omnibus (Légère erreur : Didier mourut dans le bureau des omnibus de la place Saint-Michel). Il porte une longue barbe blanche ; il est chauve, avec une couronne de cheveux blancs. Maintenant, ajoute-t-elle, je vois une femme grande, maigre, d'environ 80 ans. Elle a dû mourir d'une attaque ; j'entends le nom de Sylvie... Pétiot. Elle écrivait avec son mari, l'aidait dans ses travaux.

« — Où habitait-elle ?

« — A Juvisy. Elle y a été enterrée.

« — Comment s'appelait son mari ?

« — Flammarion. C'est votre première femme. Maintenant elle disparaît. »

A vit ensuite un homme petit, maigre, grosse tête, paraissant avoir 65 ans, mort tout récemment.

« Peut-il vous dire son nom ?

— Attendez. J'entends Jean... Vinot... ou Finot ; oui, c'est Jean Finot.

« — Jean Finot ? Celui qui a écrit la préface des Témoins Posthumes ?

« —Oui, c'est lui, certainement. »

Nous fûmes tous grandement étonnés, surtout Mme Flammarion et son mari. Etroitement unis d'amitié avec Jean Finot, le directeur de la Revue Mondiale, ils ignoraient encore sa mort, survenue l'avant-veille. Il ne fut enterré que le lendemain.

5 mai. — A voit de nouveau Didier, mais elle ne peut donner des renseignements qu'on lui demande sur sa famille et sur son fils. Ensuite, elle déclare voir, près de Mme Flammarion, des tableaux et des statues.

« Dans votre famille, lui dit-elle, il y a des artistes ; il y a un peintre, votre père, et un sculpteur, votre frère. N'êtes-vous pas italienne ?

— Non, mais d'origine italienne.

— C'est cela, du côté de votre mère. Elle est là. Elle paraît avoir 47 ans ; elle est petite, forte, avec un ventre gros ; elle avait une tumeur. Elle avait des cheveux noirs avec de grandes tresses ; lèvres charnues, peau très brune, fort belle.

— Voyez-vous où elle a été enterrée.

— Je vois des coteaux, des arbres (après hésitation) : n'est-ce pas Meudon ?

— Oui ; ce que vous avez dit est très exact.

— J'entends le nom de Paul ; c'est votre frère. Il dit qu'il est mort d'une maladie de poitrine, il n'y a pas longtemps.

— Oui, il est mort des suites de la guerre ; il avait été opéré.

12 mai. — « Je revois votre mère ; elle me dit son nom : Maria. Elle n'est pas seule. Elle est avec un homme de 30 à 35 ans : c'est votre frère Paul. C'était un peintre. Il est grand, brun, yeux noirs, cheveux seulement sur les tempes. Il me dit : Gabrielle ; c'est à vous qu'il s'adresse. Vous ne vous fréquentiez pas. Il me montre une bague, une alliance, mais elle n'est pas unie. Il me parle de vos affaires de famille... (Ici échange de demandes et de réponses sur des questions intimes).

« Maintenant, je vois un homme d'une soixantaine d'années, barbe blanche, yeux gris-bleu ; il respire difficilement. Emphysème. Il est mort à Paris d'une angine de poitrine. J'entends son nom : Renaudot ; c'est votre père. Il a connu votre mère en Italie ; elle avait alors 15 ans, et elle lui servit de modèle. »

Malgré toute l'insistance possible, Albertine n'a pas pu voir un fait, très important en rapport avec ce séjour en Italie : Mme Renaudot servit de modèle au peintre Henri Régnault pour le célèbre tableau : Salomé, qui fut vendu 500.000 francs et se trouve aujourd'hui en Amérique.

Nouvelle preuve de l'extrême difficulté de transmettre la pensée à un cerveau, même quand c'est celui d'un sujet très sensible, comme c'est ici le cas.

Quelques réflexions à propos de la faculté de vision

Il est déconcertant de constater qu'un fait de ce genre, si notoire, et auquel Mme Flammarion pensait d'une façon intense, n'ait pu être perçu par le médium, tandis que d'autres faits moins connus, moins importants, et auxquels elle ne pensait pas du tout, sont venus s'objectiver de la façon la plus spontanée et ont été visualisés par Albertine.

Ceci démontre une fois de plus ce que nous avons eu l'occasion de dire bien des fois : autant les sujets hypnotiques et magnétiques sont sensibles à la télépathie, autant les médiums spirites sont insensibles à cette action, soit dans l'état de transe, soit à l'état de veille.

Il serait fastidieux de reproduire ici tous les procès-verbaux et compte-rendu relatifs à cette forme de médiumnité ; certains des faits que nous avons relatés jusqu'à présent pourraient être attribués, à la rigueur, à une faculté de clairvoyance du médium, bien qu'à vrai dire la faculté de prendre connaissance d'images contenues dans d'autres cerveaux que celui du voyant soit inconciliable avec la théorie matérialiste.

Le cerveau est un agent purement récepteur ; il n'entre en rapport avec le monde extérieur que par les sens et par les agents physiques qui actionnent chacun de ces sens. Dès lors, la graisse phosphorée contenue dans la boîte crânienne et qui n'en sort pas, est matériellement dans l'impossibilité, par aucun moyen physique connu, de prendre connaissance de ce qui a été enregistré par une autre masse cérébrale qui, elle-même, ne peut rayonner ses pensées en dehors de l'organisme autrement que par la voie des sens.

Mais il en va autrement si l'intelligence humaine est capable de prendre connaissance directement du monde extérieur et d'entrer en rapport avec d'autres intelligences même incarnées, car celles-ci ont des moyens de communication *hyperphysique* que la science ne connaît pas, mais qu'elle découvrira précisément en étudiant les cas de clairvoyance et de télépathie.

Quelqu'extension qu'on veuille donner à la cryptesthésie, voici un cas où elle est certainement inopérante.

Le cas Clarinval

Le 17 mars 1922, nous recevions la lettre suivante :

« Chère madame,

Je ne puis oublier la façon si charmante dont vous et votre mari m'avez reçue un mardi soir. Aussi j'espère que vous voudrez bien me permettre de venir à une autre de vos réunions avec une de mes amies ; veuillez me dire le jour que je vous gênerai le moins ; merci et pardon du dérangement que je vous cause et croyez, chère madame, à mon meilleur souvenir.

Baronne de Bournat

35, rue Théophile Gauthier ».

Ces deux dames ne vinrent que deux semaines après ; la séance était commencée depuis une bonne demi-heure, et le médium était endormi lorsqu'elles arrivèrent ; elles prirent place au fond de la pièce. Albertine continua l'incarnation qu'elle faisait à ce moment, sans se rendre le moindre compte de la présence des nouvelles venues.

Lorsque la séance fut terminée, une heure et demi après, elle se réveilla, mais au lieu d'avoir, comme d'habitude, la vision des esprits qu'elle venait d'incarner, elle se tourna du côté des deux dames, assises côte à côte dans un coin sombre, et parut fort surprise de voir quelqu'un à un endroit précédemment inoccupé.

« Madame, dit-elle à l'inconnue, j'entends Marcel : c'est votre fils ?

— Non, c'est mon beau-fils,

— Je vois qu'il est mort à la guerre.

— Oui.

— Mais vous avez perdu un autre fils à la guerre ; j'entends René.

— Oui.

— 25 mai 1920.

— C'est la date où j'ai su où il était.

— Maintenant, je vois un avion qui plane ; il tombe à vos pieds ; il est complètement en miettes. C'est votre fils qui est mort dans un combat d'avions.

— Oui, et ce qui est frappant, c'est que dans les séances, il ne vient jamais le premier ; c'est Marcel qui le précède toujours ; le voyez-vous ?

— Non, pas encore... ; (au bout d'un moment) : ah ! maintenant, il se forme derrière vous ; il a les mains appuyées sur votre épaule ».

Elle en donne un signalement précis et indique son âge.

« Maintenant, ajoute-t-elle, à côté de lui, je vois deux autres têtes, comme dans des médaillons, pas bien matérialisées. Vous avez dû avoir beaucoup de peine à retrouver votre fils ».

L'amie de la baronne de Bournat nous dit alors qui elle était : Mme Clarinval. Son fils René fut porté disparu le 2 septembre 1916 après un combat d'avions. Le 25 mai 1920, se trouvant à sa fenêtre, Mme Clarinval vit la figure de son fils, très pâle, apparaître dans un bouquet d'arbres de la rue Ribéra, flanqué de deux jeunes soldats, un Russe et un Allemand.

A la suite de cette troublante vision, la mère fit des recherches longues et pénibles et après des tribulations sans nombre, finit par découvrir dans un cimetière allemand la dépouille de son enfant enterré entre un Russe et un Allemand.

On peut lire le récit détaillé de cette émouvante histoire dans le 3e volume de « la Mort et son Mystère » de Camille Flammarion, page 313 et suivantes ; pour éviter à nos contradicteurs des rapprochements faciles, nous ajouterons que cet ouvrage a paru le 18 mai 1922, et que la vision d'Albertine s'était produite le 28 mars de la même année. On pourrait cependant objecter que la Revue Spirite avait fait mention du fait Clarinval dans un numéro antérieur au 28 mars ; mais nous répondrons à cette objection qu'Albertine n'a pas pu connaître ce fait par la Revue Spirite, qu'elle ne lit jamais et qu'au surplus, pas plus dans cette Revue que dans le livre de Flammarion, elle n'aurait pu trouver des éléments lui permettant de dire à Mme Clarinval qu'elle avait un beau-fils du nom de Marcel.

C'est le premier nom qu'elle a prononcé en s'éveillant, attirée par une voix du côté des deux dames ; personne d'entre nous ne connaissait l'identité de la personne qui accompagnait la baronne de Bournat. Albertine était déjà endormie lorsqu'elles sont entrées dans le salon ; quand elle s'est réveillée, elle n'a pas su tout d'abord, à cause de la lumière insuffisante, que c'était la baronne qui se trouvait là ; mais l'eut-elle su, cela ne lui aurait donné aucune indication sur l'identité de l'autre dame.

Est-ce un cas de dématérialisation ?

Qu'on nous permette ce petit hors d'œuvre, relatif à un fait curieux qui se produisit chez le Ct Darget, le 22 janvier 1921.

Une trentaine de personnes se trouvaient réunies dans le salon pour assister aux expériences d'Albertine ; celle-ci venait d'arriver et avait pris place au milieu du groupe, où l'on parlait, un peu de tout.

Au bout d'un moment, Mme Darget, fort émue, s'écrie :

« Mme Bourniquel, je... je ne vous vois plus ».

Et tous les assistants, prenant part à son émotion, se levèrent de leurs sièges ; les plus rapprochés purent se rendre compte qu'en effet, la figure du médium était devenue complètement invisible ; seule la gorge décolletée, restait visible.

M. Alloncins s'approcha et pria le médium de lever la main à la hauteur de la figure : la main resta visible et la figure invisible. Il tira ensuite un journal de sa poche et l'approcha de la figure qui fut alors éclairée par le reflet du papier ; elle redevint invisible quand le papier eût été retiré.

Pendant ce temps, parfaitement éveillée, Albertine se rendait compte de ce qui se passait autour d'elle, voyait les assistants anxieux, et pour ne pas troubler le phénomène, elle garda l'immobilité complète. Cela dura trois minutes environ, au dire des personnes les plus rapprochées, notamment Mme Dargel, Roy, Ducourreau, Mlle Jeanne Laplace, M. Alloncius, etc... ; puis tout revint à l'état normal. A quoi peut-on attribuer ce qui s'est produit ?

La première explication qui se présente, est celle de la dématérialisation partielle du corps à l'état de veille ; mais dans ce cas, les assistants auraient vu les objets placés derrière ta tête du médium ; c'est ce qui s'était produit lors de la dématérialisation des membres intérieurs de Mme d'Espérance : la robe de cette dernière reposait directement sur la chaise et la saillie des jambes avait complètement disparu.

Ici, rien de pareil ; du reste, Mme Roy, particulièrement bien placée pour observer et qui n'avait pas perdu son sang-froid, fît quelques observations qui nous font rejeter cette première explication.

D'après elle, la disparition du visage ne fut pas instantanée, mais progressive. Elle vit tout d'abord comme un voile qui couvrait presque toute la figure, n'en laissant visible qu'une très petite partie. Ce voile se fit de plus en plus épais, à mesure que la superposition des couches fluidiques allait en s'accumulant, jusqu'au moment où il cacha presque complètement la figure. « Cela produisait l'effet, dit Mme Roy, d'une voilette épaisse ».

Devant cette constatation formelle, il y a lieu de supposer que ce curieux phénomène eut pour cause déterminante la formation d'une enveloppe fluidique très épaisse qui se plaça par couches successives, à l'endroit voulu, opposant comme une barrière aux regards.

Cette explication, qui nous paraît ici la plus logique, ne saurait s'appliquer à tous les faits du même ordre, pour lesquels on a invoqué la dématérialisation.

CHAPITRE VI
Expériences psychométriques

Nec mortale sonans
(dont la voix n'a pas l'accent de celle des mortels).

Virgile

La lucidité psychométrique est extrêmement attrayante ; il nous a été donné maintes fois d'en être les témoins, notamment avec une jeune fille très bien élevée qui joint à une grâce et à une élégance natives une éducation et une gaieté de bon ton qui en font un aimable et sympathique sujet.

Lorsque nous fîmes sa connaissance, Mlle Jeanne Laplace s'amusait à faire tourner les tables dont elle recevait parfois des messages signés : Voltaire. Son entourage crédule l'encourageait à poursuivre des relations aussi flatteuses ; nous n'eûmes pas de peine à lui faire comprendre qu'elle se fourvoyait et nous lui conseillâmes de cultiver de préférence la lucidité psychométrique qu'elle paraissait posséder en germe. D'autres amis compétents lui donnèrent le même conseil qui, on va le voir produisit d'intéressants résultats.

Voici quelques procès-verbaux qui nous ont été communiqués et que nous reproduisons avec d'autant plus d'empressement que nous en connaissons intimement les signataires ; nous pouvons, par conséquent, nous porter garants de l'authenticité des faits. Ajoutons que l'on peut donner à cette faculté une interprétation purement animiste.

Expériences chez Mme Roy. — « C'est dans une de nos réunions familiales que se découvrit la médiumnité psychométrique de Mlle Jeanne Laplace. Mon mari et moi, nous lui remîmes une lettre contenue dans une enveloppe. Elle la mit sur son front.

« Je vois, dit-elle, un pays de montagnes ; froid l'hiver ; c'est une femme qui écrit ; quelqu'un que vous n'aimez pas ».

Elle paraissait adresser cette remarque à Mme Roy.

Or, comme l'enveloppe provenait de notre ami, le capitaine V, habitant Orléans, où il n'y a pas de montagnes, nous lui disons : vous faites fausse route ; et pour le lui prouver, nous retirons la lettre de l'enveloppe ; à notre grande stupéfaction, nous constatons qu'avec cette lettre il y en avait une autre de la mère du capitaine V. Cette dame habite l'Auvergne, pays de montagnes, froid l'hiver, et, elle n'a aucunement ma sympathie. Nous trouvons ce cas très intéressant, car notre pensée était tournée vers le capitaine et seuls, les fluides de l'autre lettre avaient impressionné le médium. Donc, pas de transmission de pensée.

Avec une barrette en écaille, appartenant à Mme S. que je ne connaissais pas alors et sur laquelle, ni les uns ni les autres, nous n'avions le moindre renseignement :

« Cette dame est blonde, assez forte, mariée ; ils ont eu de grosses pertes d'argent du fait de la guerre, presque ruinés ; ils ont refait, par la suite, une grande fortune. Ménage de grands bourgeois, allant chacun de son côté ; le mari a une maladie de cœur ».

Nous avons appris, ultérieurement, l'exactitude rigoureuse de tout cela.

Avec une épingle à cheveux appartenant à une ouvrière travaillant chez moi et dont je connus ainsi la vie :

« Vous avez eu une existence malheureuse ; chagrin d'amour : vous avez un enfant qui a maintenant 12 ans. Vous allez partir à l'étranger, vous entreprendrez en Angleterre un commerce ; vous réussirez. Vous souffrez de l'estomac et des jambes ».

Tout est exact.

Avec une lettre adressée à un de mes parents elle donne la description très exacte de l'expéditeur :

« Je vois des ronds métalliques, roulés en spirale sur lesquels il y aurait comme des images d'Epinal ; je crois que ce sont des films. Je vois un café des boulevards où l'on a parlé de l'affaire à ce monsieur ; il prenait l'apéritif ; je vois sur la soucoupe : 2 fr. 75. Je sens une odeur d'absinthe ».

Exact, tout.

Avec un *odorigène*, elle décrit exactement la personne qui l'a offert, donne l'initiale de son nom L, ajoute que le parfum a été envoyé du Midi, à elle et à d'autres personnes.

Avec un louis d'or :

« Je vois un monsieur avec un faux-col à coins cassés ; il n'a jamais voulu en porter d'autres ; marié ; une petite fille très intelligente ; il était très instruit, faisait des mathématiques ; ingénieur ; il devait avoir une usine à diriger ; il a été tué au début de la guerre ; c'était une âme très droite, peu expansif ; n'aimait que sa femme et sa fille ».

Scrupuleusement exact, en tous les détails.

Enfin, dernière preuve : J'avais été

convoquée à la mairie où l'on m'apprit froidement la mort de mon fils décédé 3mois auparavant au Maroc ; l'on m'avisait en même temps qu'il me laissait une lettre et un héritage de 25 francs. Mes jambes se dérobèrent et je tombai sur une chaise. Mlle Laplace, à qui je donnai la lettre d'un air indifférent me dit :

« Ce sont des nouvelles qui viennent de loin ; je vois du sable, c'est le désert ; des palmiers, un uniforme kaki, ce n'est pas un gradé, ce n'est pas votre fils aîné Robert, il n'a pas sa belle âme. Vous avez eu une grande angoisse en recevant cette lettre ; puis vous avez fait une démarche ; ce doit être un avis de décès. Oh ! mais vous me cachez une grande peine, vos jambes se dérobent. Il est mort de maladie ; je vois une ambulance ; il a eu le délire, il souffrait dans la tête et les intestins ; le foie est atteint ; il est mort dans le coma, il ne s'est pas rendu compte ».

Tout était exact : Mlle Jeanne m'avait, présenté ses visions absolument comme un film qui se déroule. Je reçus plus tard une lettre du major de l'ambulance de M...au Maroc ; elle m'apprenait que mon fils y était mort du typhus, (maladie siégeant dans le cerveau et les intestins). Toutes ces visions sont remarquables.

Aimée Roy.

43, rue saint Georges ».

M. et Mme Dérosier, 7, place Gambetta, ont également expérimenté avec Mlle Laplace ; voici le résumé de leurs observations, le sujet indiquant ses visions :

L'esprit (Nous tenons à faire remarquer que les expériences de ce genre ne permettent pas de conclure à l'intervention des esprits.) de M. Deh... dit qu'il a été tué par une bombe d'avion et décrit nettement l'endroit de l'attentat, place de Bitche ; toutes les particularités de cette place sont données : vieille église, marché, école, canal proche, rue populeuse, nombreux enfants, etc...

L'esprit de M. I.S. indique qu'il a laissé une œuvre inachevée, l'invention à laquelle il a consacré ses jours et ses veilles ; il en montre le dessin : une grande roue à rayons creux. Il s'agit de mon père qui a recherché le mouvement perpétuel : la roue a été la première forme de ses recherches. Il dit en parlant de cela ; Chimères ! et cependant j'espère que d'autres approcheront de plus près mon rêve.

L'esprit de Dér... se fait voir dans sa ferme ; il montre son cercueil avec 2 bouteilles qui y ont été placées sur sa demande. Il montre son jeune fils lui donnant à boire à son lit de mort ; l'enfant le sert en hâte, pendant une absence de la maman. Parfaitement vrai, comme toutes les autres visions.

L'esprit de Valentine S. fait voir, pour se faire reconnaître, des boucles d'oreilles formées par une turquoise entourée de rosés.

L'esprit de sa mère rappelle à M. E.G. les tournesols ou soleils qu'il avait fait pousser auprès de la maison, étant enfant.

L'esprit de M. W.M. se montre sur mer, dans ses occupations habituelles ; il dit s'être occupé du renflouement des navires naufragés ; il fait voir qu'il employait des scaphandriers.

Je n'ai voulu rappeler ici que quelques faits dont on ne pourra pas dire qu'ils sont communs à tous les esprits qui se présentent aux séances ; il me semble qu'ils ont chacun leur originalité.

Marcelle Dérosier »

Mlle Jeanne Laplace a fait, avec le capitaine B. d'intéressantes expériences consignées dans un rapport que nous résumons ainsi :

« 1° Elle décrit physiquement et moralement feu M. Michaudon, mon beau-père, décédé en 1894 et dit qu'on lui montre le cliché d'une exploitation qu'elle ne peut définir nettement (il exploitait une tannerie). « Je vois de l'eau claire, dit-elle ; mais que retire-t-on de cette eau ? » Nous pensions qu'on en retire des peaux et que l'eau n'en est pas très limpide ; mais elle ajoute : « Je voudrais bien savoir ce que c'est : du diamant ou de l'or ».

Nous aurions voulu, par la pensée, la tirer de son erreur, mais elle continua : « Je vois aussi des troupeaux de bêtes à cornes, des bœufs, le pays est aride, sauvage, très sauvage, le terrain est sec, rougeâtre ». Le capitaine B. eut alors la pensée que tout cela se rapportait, non à son beau-père, mais au frère de celui-ci, parti en Amérique et dont on n'avait plus de nouvelles depuis 1886 ; il en fit la remarque et le médium confirma cette opinion en donnant le prénom de ce parent : Claude, puis le signalement précis de son physique et de son caractère ; elle ajouta qu'il était mort accidentellement d'une chute de cheval ».

2° En juillet 1922, le Capitaine B... se trouvait en villégiature avec sa famille à Ploumanack ; il eut pendant 3 jours comme voisin de table, à l'Hôtel où il était descendu, un anglais qui, bien que parlant le français difficilement, lui a dit entre autres choses : « Je viens ici faire un séjour de repos. — Ma femme est venue en France, le mois dernier avec un ami ; je suis parti au moment de son retour. — Je prends mes bains au pied de la falaise dite Château du diable ».

La troisième phrase me fit lui faire la remarque que l'endroit était dangereux, que c'était imprudent de s'y baigner : « Endroit bon pour plonger » me fut-il répondu.

Or il advint que le troisième jour de son arrivée cet anglais ne reparut pas à l'heure du déjeuner. L'on s'inquiéta de son absence et les tenancières de l'hôtel constatèrent qu'il avait emporté son costume de bain et un peignoir. Il avait laissé inachevée une lettre à l'adresse de sa femme, dans laquelle il lui disait « qu'il aimait à se baigner au pied des grands rochers ; que les plages étaient bonnes pour les français ».

Le soir venu, l'on prévint la gendarmerie de Perros Guirec. L'enquête fît découvrir ses effets sur les rochers du Château du diable.

L'examen de ses papiers établit qu'il était Colonel dans l'armée anglaise ; une photo montrait sa femme et ses cinq enfants : 3 garçons et 2 filles.

Je remarquai sur cette photo que sa femme était jeune encore et très jolie (contrairement à ma supposition).

L'enquête conclut à une disparition, très probablement causée par une noyade et l'on attendit les 9 jours consacrés pour que la mer rejetât son cadavre, ce qui ne se produisit pas. Le capitaine B... eut l'impression que cette disparition, mise sur le compte d'un accident, pourrait être un suicide.

Au bout de 3 semaines, le frère du disparu vint prendre livraison des effets et objets lui ayant appartenu.

Un carton, sans valeur, détaché de l'album du colonel anglais, fut laissé soit par oubli ou comme objet sans intérêt. Le capitaine B... faisant de la peinture, ce carton lui fut remis ; il l'enveloppa soigneusement, pensant le faire psychométriser par Mlle Laplace.

C'est ce qui eut lieu dès sa rentrée à Paris, en août 1922.

Aucune indication ne fut donnée au médium ; elle décrivit l'anglais très exactement, y compris ses vêtements. Elle continua :

« Il a près de 50 ans ; il s'est marié, par amour, mais ça n'a pas duré et il y a de graves dissentiments dans son foyer. Il a 3 enfants » — (Je lui fis la remarque que cela n'était pas très exacte).

« Si, il a 3 garçons, puis deux filles, mais seuls les garçons comptent pour lui ; il les aime et les a quittés avec regret.

« Cet homme s'est embarqué avec l'idée de ne pas revenir. Je vois des idées de suicide, de noyade, mais elles ne se réalisent pas. — Cet homme est vivant. Je vois maintenant une autre femme, plus âgée que la sienne, à laquelle il est très attaché ; il était avec elle ces jours derniers. Ils s'entendent avec quelqu'un du pays. Je vois qu'on lui apporte des effets en barque, près des rochers, la femme n'est pas dans la barque mais pas loin.

« Ils veulent faire croire à un suicide qui arrangerait bien des choses, notamment une situation d'argent.

« J'affirme encore que cet homme n'est pas mort, mais moralement il n'en vaut guère mieux. Il était officier. Il ne retournera plus dans son pays ».

Le capitaine B... estime qu'il y a intérêt à établir un procès-verbal de cette curieuse expérience, car l'avenir, si fertile en imprévu, peut apporter des éclaircissements et peut-être, la preuve de l'exactitude de la vision de Mlle Laplace.

A remarquer également que le médium n'a pas puisé dans la pensée des signataires les éléments de sa voyance, car dans ce cas, il aurait vu une : mort par « noyade accidentelle » ou par « suicide » et non une simulation d'accident.

A Paris, le 18 septembre 1922
Capitaine B.

Les visions de Mlle Laplace sont extrêmement nettes et rapides ; nous en eûmes la preuve en juillet 1922, lorsqu'une délégation de spirites espagnols, de passage à Paris, la rencontra chez M. Bourniquel ; elle eut, pour chaque délégué, des visualisations psychométriques d'une précision telle, qu'à son retour en Espagne le chef de cette délégation, M. Quintin Lopez, directeur de la

Revue « Lumen », voulut la soumettre à une expérience plus probante, il envoya, une première fois, une mèche de cheveux provenant d'une personne qu'il ne connaissait pas ; quelques jours après, ce fut une lettre écrite en un idiome catalan, indéchiffrable. Mlle Jeanne Laplace psychométrisa les deux objets et le résultat des deux épreuves fut envoyé à M. Lopez qui répondit, à la date du 11 novembre 1922 :

« Mlle Laplace a triomphé sur toute la ligne. J'ai l'intention de publier les deux expériences et je voudrais y joindre son portrait. Me serait-il possible de l'obtenir ? Je réserve cela pour le numéro de janvier. Les personnes intéressées dans l'expérience me chargent de lui témoigner leur entière gratitude. J'y joins mes remerciements personnels ».

Dans le numéro de janvier 1924 de la Revue scientifique et morale du spiritisme, page 11, nous relevons l'article suivant :

Une expérience de psychométrie
Nous avons le plaisir de compter au nombre de nos amis Mlle Jeanne Laplace, avec laquelle nous avons pu faire quelques expériences de psychométrie, notamment la suivante :

Mlle Laplace se trouvant chez nous, ma femme lui mit entre les mains une petite boîte d'ivoire, qui lui a été donnée récemment, et lui demanda ce qu'elle pensait de cet objet. Ayant placé la boîte sur son front pendant quelques minutes, Mlle Laplace, qui était parfaitement éveillée, prononça les mots suivants :

« Cette boîte vous a été donnée récemment, par une dame, mais n'est aucunement imprégnée de fluides, parce qu'elle était enveloppée dans du papier de soie. Elle a été achetée très loin d'ici, et a voyagé longtemps dans une malle, parmi du linge. De plus, elle n'a pas été achetée à votre intention ».

Lors de cette expérience, ma femme et moi étions simplement renseignés sur les points suivants, d'ailleurs inconnus de la voyante : La boîte avait été donnée à ma femme par sa belle-sœur, revenue récemment de République Argentine : elle avait acheté cette boîte en passant à Las Palmas et nous l'avait apportée, enveloppée de papier de soie. Ayant revu quelques jours après notre belle-sœur, nous lui demandâmes l'histoire de la boîte. Elle ne nous cacha pas qu'elle l'avait achetée sans intention bien déterminée en passant à Las Palmas : elle pensait bien qu'elle en ferait cadeau à quelqu'un, mais sans savoir à qui. Ce n'est qu'à Paris, qu'elle a eu l'idée de nous la donner. Pour rapporter la boîte en France, elle la cacha dans une malle, parmi son linge de corps, pour raisons... douanières ; la boîte est restée dans cet état jusqu'au jour où elle nous fut donnée. Ces derniers détails étaient complètement ignorés de nous au moment de l'expérience, ce qui exclut toute idée de lecture de pensée de la part de la voyante.

Pierre Maillard. Ingénieur E. C. P.
46, avenue de Suffren

Dernière attestation.

« Il y a quelques années, mon fils étant allé en excursion à Cherchell, eut l'occasion d'ouvrir une tombe romaine inviolée depuis des siècles. Il me rapporta comme souvenir de cette promenade quelques petits ossements trouvés dans cette tombe. J'habitais Alger, à cette époque, et je conservai précieusement ces ossements. Rentrant en France, je les rapportai avec des bibelots et les plaçai dans une vitrine de mon salon.

Me rencontrant un jour avec Mlle Laplace, je lui remis un de ces os, préalablement enveloppé de telle sorte qu'il lui était impossible de deviner la nature du paquet.

Elle le plaça sur son front et dit aussitôt :

« Cet objet est très ancien ; il vient de faire un long voyage, très serré, pressé contre d'autres objets ; il a passé la mer, ensuite il a été placé dans une vitrine.

— Bien ; maintenant, remontez dans le passé.

— Cet objet est d'une haute antiquité ; ce n'est pas un bijou, c'est une sorte de relique. Il a été trouvé au cours d'une excursion ou d'une promenade par un grand jeune homme brun, aux yeux bleus dont les initiales sont C. O., personne qui vous touche de très près. Vous avez conservé cet objet avec un certain respect ; son antiquité est authentique ; il a vu bien des larmes, bien des pleurs, de l'effroi, même. Il a subi bien des cataclysmes, plusieurs tremblements de terre ; il a été trouvé dans une ville dont le nom commence par C. La mer est proche ; une haute montagne est au-dessus, un ancien volcan, sans doute, qui n'est pas étranger aux bouleversements et à la terreur dont cet objet a été le témoin. Je vois des gens habillés avec des sortes de péplums. Je ne sais trop où cela peut être, une colonie française on en Egypte, quelque part par là. Cet objet a appartenu à une dame, lui touchait de très près... Oh ! plus près encore... un morceau d'elle-même, desséché : un morceau de momie ! »

Alors j'ouvris le paquet et montrai l'os trouvé dans une tombe romaine à Cherchell, ville qui a été détruite plusieurs fois par des tremblements de terre, au pied d'une haute montagne, le Chenoua. La description physique de mon fils est exacte, de même que les premières lettres de son nom. L'os avait tout enregistré et le médium a pu lire en lui.

Une autre expérience fut faite quelques jours après :

Une dame avait remis à ma sœur un petit paquet contenant une paire de boucles d'oreilles formées de deux dents d'enfant montées sur argent.

« Ces objets, dit la psychomètre, ont vu bien des larmes ; ils ont appartenu à une jeune fille bonne musicienne, morte jeune. Je vois une tombe, une exhumation. Ces objets ont été enterrés avec cette jeune fille, sont restés plusieurs années dans son cercueil et retirés lors de l'exhumation. Ce sont peut-être des bijoux, cependant j'ai plutôt la sensation que ce sont des dents ».

Paris, 7 janvier 1923

M. Chevalier.

5, faubourg Saint-Jacques.

Les conditions d'expérimentation

Nous tenons à mettre en garde certains expérimentateurs qui, pour éviter de renseigner les médiums par un mot imprudent ou par le moindre geste, se croient obligés d'observer vis-à-vis d'eux une attitude fermée, glacée, au risque de leur paraître hostiles. Il n'en faut pas davantage pour faire échouer toute tentative expérimentale, surtout lorsque le sujet est de nature timide, craintive, ou impressionnable, ce qui est le cas de la plupart d'entre eux.

Si l'on veut la réussite, il faut placer les médiums dans les conditions qui leur sont habituelles. Loin d'amoindrir leur faculté de perception par un silence hargneux, il faut tâcher de les exalter par les marques extérieures d'une confiance absolue, même quand on ne la partage pas. Cela n'empêche pas les assistants d'exercer leurs moyens d'observation, de sagacité, de déduction, et cela aide puissamment les phénomènes.

Ce silence distant, que certains psychistes croient indispensables pour éviter de donner une direction aux recherches du voyant, ce silence est nuisible ; car si un médium vous dit, par exemple : « votre fils a été tué par un éclat d'obus », vous ne vous engagez pas beaucoup en lui répondant, selon le cas, oui ou non, et cela ne sera pas une indication qui lui permettra de vous dire, un instant après : « votre tante est boiteuse et elle habite Perpignan ».

Donc, règle générale, mettez les sujets à leur aise.

C'est pour avoir méconnu la nécessité du sourire, et parfois de la bienséance, que certains expérimentateurs ont inconsciemment fait échouer nombre d'expériences ; nous ne sommes pas les premiers à le constater.

M. Ossowiecki, l'extraordinaire voyant polonais qui a donné à Varsovie, en présence des docteurs Richet et Geley, des séances psychométriques au cours desquelles sa lucidité s'est manifestée de façon tout-à-fait remarquable, a décrit ainsi ses impressions de voyant (Revue Métapsychique : juillet-août 1922, pages 254 et 255.) :

« Apparemment, je perds une certaine énergie ; la température devient fébrile et les battements du cœur inégaux. Ce qui confirme cette supposition, c'est que, dès que je cesse de raisonner, il y a comme des fluides électriques qui traversent pendant quelques instants mes extrémités.

« Cela dure un moment, puis une véritable lucidité s'empare de moi ; des tableaux surgissent, le plus souvent du passé. Je vois l'homme qui a écrit la lettre et je sais ce qu'il a écrit. Je vois l'objet au moment où il se perd, avec les détails de l'événement ; ou bien je perçois, je sens l'histoire d'un objet quelconque que j'ai en mains. La vision est nébuleuse et exige une grande tension. Il faut d'assez grands efforts pour percevoir certaines conditions et détails des scènes.

« L'état de la lucidité est évoqué parfois en peu d'instants, et d'autres fois, il peut se faire attendre des heures. Cela dépend en grande partie de l'ambiance : l'incrédulité, le scepticisme ou même une attention trop concentrée sur ma personne paralysent le succès prompt de la lecture ou de la sensation... A ma séance donnée à l'Institut Métapsychique de Varsovie, je suis certain que la facilité et la rapidité avec laquelle j'ai lu les deux lettres étaient dues à l'harmonie générale et à la disposition d'esprit sympathique des personnes présentes, qui me favorisaient ».

CHAPITRE VII
Etude sur la mémoire subconsciente

Periculosum est credere et non credere.
(Il est également dangereux de croire et de ne pas croire)

Phèdre

On a souvent accusé les spirites de manquer de discernement dans l'interprétation des phénomènes qu'ils observaient. Comme ici nous allons précisément nous trouver en présence d'identifications obtenues pendant la transe, nous croyons utile, avant d'aller plus loin, de signaler les travaux des savants qui se sont occupé de cette question et de montrer en quoi leurs explications diffèrent des nôtres.

Il est parfaitement établi par les recherches des psychologues contemporains qu'il existe en nous une mémoire profonde qu'on a baptisé subconscience : c'est en elle que viennent s'enregistrer non seulement toutes les sensations visuelles, auditives, tactiles etc... que nous avons perçu normalement, mais aussi celles qui ont agi sur nous pendant l'état de la distraction.

Réveil de la mémoire subconsciente dans le rêve

Le rêve a pour propriété de faire renaître ces images, alors même qu'elles sont sorties de la conscience ordinaire. Dans son livre « le Sommeil et les rêves », pages 123 et 124, Maury cite le cas suivant :

Un teinturier devenu aveugle décrivit un jour avec assez de précision les traits d'un de ses cousins qui lui était apparu en rêve et que jamais il n'avait rencontré alors qu'il n'était point privé de la vue. Cette apparente intuition était due, ainsi qu'il finit par se le rappeler, à ce qu'il avait jadis regardé le portrait de son cousin chez un autre de ses parents.

C'est, évidemment, un souvenir oublié qui renaît pendant le sommeil normal ; si ce fait s'était produit dans le sommeil magnétique ou dans la transe, il aurait eu tout à fait l'apparence d'une révélation extérieure.

Dans l'exemple suivant, il y a plus qu'un simple rappel de mémoire. Il semble qu'un certain nombre d'impressions visuelles ont été enregistrées inconsciemment, comme nous verrons tout à l'heure que cela est possible, puis, sous l'influence de l'attention, elles ont été retrouvées pendant le sommeil. Voici le cas :

« En arrivant à l'hôtel Morley à 5 heures, dit Mme Bickfort Smith, mardi 20 janvier 1889, je m'aperçus que j'avais perdu ma broche en or et je supposai que je l'avais laissée dans une salle d'essayage chez Swan et Edgar. J'envoyai voir et fus très désappointée d'apprendre que toutes les démarches avaient été inutiles. J'étais très contrariée, et la nuit, je rêvai que je la trouvais dans un numéro de la Queen qui avait été sur ma table ; dans mon rêve, je voyais même la page où elle était. J'avais remarqué une des gravures de cette page. Aussitôt après le déjeuner, j'allai chez Swan et Edgar et demandai les journaux, racontant en même temps aux jeunes femmes mon rêve. Les journaux avaient été enlevés de cette chambre, mais on les retrouva et au grand étonnement de tous je dis : voilà celui qui contient ma broche. Elle se trouvait en effet, à la page que j'indiquai ».

On ne saurait mettre ces cas-là au compte de la clairvoyance, ni à celui du spiritisme ; ce sont purement et simplement des phénomènes de *cryptomnésie*, comme, avec leur manie de créer des néologismes, les psychologismes actuels l'ont baptisé.

Réveil de la mémoire subconsciente dans l'hypnose
Ne pouvant nous étendre plus longuement sur ce genre d'exemples, nous passons à un second révélateur de cette mémoire latente, qui est l'hypnose.

C'est un trait très général que le sommeil somnambulique ravive les souvenirs les plus fugitifs de la vie normale.

« Les somnambules, dit Richet (Ch. Richet. — « L'homme et l'intelligence », p. 194.), se représentent avec un luxe inouï de détails précis les endroits qu'ils ont vu jadis, les faits auxquels ils ont assisté. Ils ont, pendant leur sommeil, décrit très exactement telle ville, telle maison qu'ils ont jadis visitée ou entrevue ; mais au réveil, c'est à peine s'ils pourraient dire qu'ils y ont été autrefois. X... qui chantait l'air de l'Africaine pendant son sommeil, ne pouvait pas en retrouver une seule note lorsqu'elle était éveillée ».

« Léonie, dit M. Janet (P. Janet. — « L'automatisme psychologique », p. 267.), est capable de relire par hallucination des pages entières d'un livre qu'elle a lu autrefois, et elle distingue l'image avec tant de netteté qu'elle remarque encore des signes particuliers, comme les numéros des pages et les numéros des feuilles au bas de certaines pages ».

Nous devons nous persuader que rien de ce qui est entré dans l'esprit, consciemment ou non, ne peut en sortir. Malgré que l'oubli soit une condition d'une bonne mémoire (Ribot. — Les maladies de la mémoire, p. 15.), le mot oubli n'est pas synonyme de disparition de l'image mentale. Au contraire, celle-ci semble inaltérable : chaque impression laisse une empreinte qui dure et qui reparaîtra, alors même qu'on l'aurait cru anéantie, lorsque les circonstances le permettront.

Parenté du somnambulisme naturel et du somnambulisme provoqué

Les souvenirs du somnambulisme naturel sont presque toujours ignorés au réveil, mais on peut les retrouver dans un somnambulisme artificiel, ce qui établit la parenté de ces deux états. La relation qu'on va lire en fait foi (Pitres. — « Leçons sur l'hystérie et l'hypnotisme », p. 200.):

M. le Dr Dufay, sénateur du Loir-et-Cher, a publié l'observation d'une jeune fille qui, dans un accès de somnambulisme, avait serré dans un tiroir des bijoux appartenant à sa maîtresse. Celle-ci accusa sa domestique de les lui avoir volés. La pauvre fille protestait de son innocence, mais ne pouvait donner aucun renseignement sur les causes de la disparition de ces objets. Elle fut mise en prison à Blois ; le docteur Dufay, qui était alors médecin de cette prison, avait fait jadis sur cette jeune fille quelques expériences d'hypnotisme. Il l'endormit et l'interrogea sur le délit dont elle était accusée, et il apprit ainsi que, par mesure de sûreté, la bonne avait enfermé les bijoux dans un autre meuble. Le juge d'instruction, informé de cette révélation, se rendit chez la dame, retrouva les bijoux et remit la jeune fille en liberté.

Une des formes les plus saisissantes de la rénovation du souvenir est la reconstitution complète de toute une époque de la vie passée d'un sujet. C'est ce que Pitres appelle le délire ecmnésique. Si un sujet âgé de trente ans, par exemple, perd subitement le souvenir de tout ce qu'il a connu pendant les quinze dernières années de sa vie, il se mettra à raisonner, parler, agir comme il l'eût fait à quinze ans. C'est le cas d'une malade, A. M., âgée de vingt-huit ans, qui se trouve reportée à l'âge de sept ans, alors qu'elle était occupée à garder la vache de sa nourrice ; elle joue aux osselets, ne sait plus s'exprimer qu'en patois, etc...

Perceptions inconscientes

Il y a mieux encore. Des faits que nous n'avons pas perçus consciemment peuvent laisser des traces indélébiles et surgir à un moment inattendu, rénovés par une sensation semblable. Ce sont des clichés que l'âme ignore et qui dorment en elle.

Empruntons à Ribot (Ribot — « Les maladies de la mémoire », p. 143.) deux exemples de ces phénomènes.

Une dame, à la dernière période, d'une maladie chronique, fut conduite à la campagne. Sa petite fille qui ne parlait pas encore, lui fut amenée et après une courte entrevue, reconduite à la ville. La dame mourut quelques jours après. La fille grandit sans se rappeler sa mère jusqu'à l'âge mûr. Ce fut alors qu'elle eut, l'occasion de voir la chambre ou sa mère était morte. Quoiqu'elle l'ignorât, en entrant dans cette chambre, elle tressaillit comme on lui demandait la cause de son émotion : j'ai, dit-elle, l'impression distincte d'être venue autrefois dans cette chambre. Il y avait, dans ce coin une dame couchée, paraissant très malade, qui se pencha sur moi et pleura.

Voici le second cas :

Un monsieur fut visiter avec des amis un château qu'il n'avait pas souvenir d'avoir jamais vu ; en approchant, il eut l'impression très vive de l'avoir déjà vu, et il revoyait non seulement la porte, mais des gens installés sur le haut, et en bas des ânes sous le porche. Il demanda quelques éclaircissements à sa mère et il apprit d'elle qu'étant âgé de seize mois, il avait été porté à cet endroit dans un panier, sur le dos d'un âne ; qu'il avait été laissé en bas avec les ânes et les domestiques, tandis que les plus âgés de la bande s'étaient installés au-dessus de la porte pour manger.

Cette renaissance du passé peut être provoquée aussi par une cause morbide :

A l'âge de quatre ans, dit le docteur Abercombrie, un enfant, par suite d'une fracture du crâne, subit l'opération du trépan. Revenu à la santé, il n'avait gardé aucun souvenir ni de l'accident ni de l'opération. Mais à l'âge de quinze ans, pris d'un délire fébrile, il décrivit à sa mère l'opération, les gens qui y assistaient, leur toilette et autres petits détails, avec la plus grande exactitude. Jusque-là, il n'en avait jamais parlé, et il n'avait jamais entendu personne donner tous ces détails.

Nous ne pouvons donner que quelques brefs exemples de ces nombreux souvenirs, si complètement sortis de la mémoire qu'ils semblent inconnus : ce sont eux qui donnent à l'automate la fausse croyance d'une intervention de l'au-delà, lorsqu'il les trouve relatés sous la signature d'un ami ou d'un parent mort. il faut donc ne voir en eux que ce qu'ils sont : des phénomènes de subconscience, à moins que d'autres particularités ne nous démontrent jusqu'à l'évidence l'intervention des esprits.

Les multiples personnalités
L'observation a permis de constater qu'il peut exister chez certains sujets des modifications spontanées de la personnalité, provenant de troubles nerveux ou d'autosuggestions. Depuis que le Dr Azam attira l'attention des savants sur le cas de Félida, ces intéressants phénomènes ont été étudiés par plusieurs auteurs : Léontine et Léonore par Janet ; Ansel Bourne par Hodgson et James ; Hélène Smith par Flournoy ; Smead par Hyslop. Binet leur a consacré tout un ouvrage (Binet. — « Les altérations de la personnalité ».).
Nous ne rappelons ces cas que pour mémoire, car ils n'ont, en réalité, qu'un rapport assez éloigné avec les faits que nous allons passer en revue ; cependant, il était bon de signaler ces possibilités, afin de montrer que nous avons envisagé tous les aspects que peut revêtir la personnalité humaine dans ses diverses modifications pendant l'état normal ou à la suite de crises névropathiques.
Un des cas les plus remarquables est celui de miss Beauchamp, minutieusement étudiée par le professeur Morton Prince, à partir de

1898, pendant une période de sept ans (Morton Prince. — « La dissociation d'une personnalité ».).

Miss B. est une étudiante travailleuse chez laquelle se sont développées plusieurs personnalités dont chacune garde son caractère et ses souvenirs propres ; ces personnalités se succèdent de moment à moment, d'heure en heure ou de jour en jour ; leur différence se manifeste par une manière de voir, des idées, des croyances, des goûts, un tempérament, un état de santé, des habitudes, des souvenirs distincts. Au début, elles s'ignorent mutuellement, de sorte qu'il y a dans la mémoire de chacune d'elles des vides qui correspondent aux moments où les autres étaient incorporées.

Un état de choses aussi anormal produit des situations extrêmement embarrassantes ; il arrive que miss B. fait des projets, donne des rendez-vous auxquels elle s'opposera un moment après.

D'un caractère réservé, raffinée, de bonne éducation, aimant les livres, passionnée de littérature, impressionnable et nerveuse, elle a trouvé son antagoniste dans un de ses personnalités secondes qu'elle incarne sous le nom de Sally ; celle-ci est bègue (dans les débuts), mutine, inconstante, robuste ; elle ignore la fatigue et la maladie.

Tout d'abord, le professeur Morton Prince a peine à se reconnaître dans ces personnalités qui se succèdent si rapidement.

« Vous avez bien les mêmes bras et les mêmes jambes », dit-il à l'une d'entre elles ; à quoi celle-ci répond fort judicieusement ;

« Des bras et des jambes ne font pas que nous soyons la même personne.

— Alors, si vous êtes des personnes différentes, comment vous appelez-vous ? »

Et cette question plonge le sujet dans un grand embarras.

Dès que Sally est apparue, on constate la coexistence de deux consciences séparées et distinctes ; Sally fume, et miss Beauchamp reprenant possession d'elle-même, est étonnée de trouver dans sa bouche l'âcre saveur du tabac ; elle se joue des tours, s'écrit à elle-même de nombreuses lettres.

Pour que deux volontés puissent ainsi s'opposer l'une à l'autre, il faut qu'elles coexistent ; donc Sally, n'alternant pas simplement avec miss B., elle coexistait avec elle ; elle la haïssait ; elle en était jalouse.

« Pourquoi, disait-elle, ne puis-je pas vivre aussi bien qu'elle ? J'ai autant de droits qu'elle. »

C'est bien une personnalité distincte ; elle n'a pas la culture de miss B., elle ne connaît pas le français, comme elle. Une nuit, après avoir fermé les fenêtres, miss B. dans un accès de neurasthénie, avait ouvert les robinets du gaz et s'était mise au lit ; mais Sally, agissant comme un ange gardien, s'était immédiatement levée, avait fermé les robinets, ouvert les fenêtres et ainsi sauvé sa vie. (Page 202.).

Agissant comme un ange gardien ! L'expression est de Morton Prince lui-même. Au bord du gouffre spirite, va-t-il se laisser tomber au fond du précipice béant où l'appellent des voix encourageantes ?

Non. Le professeur Prince appartient à cette classe de savants qui ne reçoivent de mot d'ordre que de la Matière ; pas un seul moment, il ne soupçonnera que cette personnalité de Sally pourrait être, tout bonnement, l'incarnation d'un esprit indépendant, comme il y en a de si nombreux dans la phénoménologie spirite. Cette hypothèse aurait pourtant bien mérité d'être examinée de près ; mais le savant américain, comme beaucoup de ses pareils, ne daigne pas l'envisager.

A la fin de cet ouvrage, nous trouvons un exemple frappant de ce qu'est la probité scientifique, vue par certains côtés.

Dans le dernier appendice (Appendice R, page 521.), il cite un cas de vision nettement spirite, compliqué d'audition.

Un désincarné apparaît à sa femme et lui parle. Les conditions dans lesquelles s'est produite cette manifestation ont été parfaitement précisées ; elles ne peuvent laisser place au moindre doute. Avec une sérénité de parti-pris, Morton Prince attribue ce cas à une hallucination. D'après lui, la vision ne fut que la perception consciente d'une photographie du mari, et quant aux paroles entendues, elles n'étaient, dit-il, que la répétition des mots qu'une amie avait dit à la veuve, deux mois auparavant, pour la consoler. Or :

1° La veuve lui a déclaré à lui-même qu'elle n'avait personne à qui se confier ;

2° Les paroles qu'elle avait entendu étaient les suivantes : « Si je pouvais encore ressentir les émotions terrestres, rien ne pourrait me rendre plus malheureux que de vous voir comme vous êtes maintenant. Quand j'étais auprès de vous, mon désir était de vous voir heureuse. Souvenez-vous de moi ou oubliez moi, cela n'a pas d'importance, l'amour ne meurt jamais. N'ayez plus de sombres pensées de désespoir, jouissez de tous les plaisirs de la vie, et vous me rendrez possible une vie plus pleine et plus haute. »

Ces paroles, qui dans la bouche de l'amie ou de toute autre personne vivante, n'auraient eu aucun sens, Morton Prince affirme froidement qu'elles avaient été prononcées antérieurement par l'amie de la veuve, laquelle les aurait entendues de nouveau deux mois plus tard par autosuggestion.

C'est vraiment se moquer du monde.

Messieurs les super-docteurs qui exigent de nous tant de preuves, de témoignages et d'attestations, ne trouveront pas mauvais qu'à notre tour, nous ne nous contentions pas de leur simple affirmation, et que nous leur demandions un peu de cette probité qui manque parfois à l'exposé de leurs thèses. Nous nous refusons de nous incliner devant leur autorité, si haute soit-elle, lorsqu'elle ne s'accompagne pas des mêmes garanties que nous apportons nous-mêmes.

Un autre cas, fort intéressant, de double personnalité, a été étudié successivement par le docteur Stevens, par Hodgson et par Frédéric Myers ; M. Chevreuil en fît, le 23 décembre 1917, le sujet d'une conférence qui fut publiée dans la Revue Scientifique et Morale du Spiritisme, (janvier et février 1918) sous le titre : « la Merveille de Watseka. »

Il s'agit d'une enfant de treize ans, Lurancy Vennum, habitant Watseka (Illinois) qui, à la suite d'une crise perdit brusquement sa propre personnalité, laquelle fit place à celle d'une autre enfant, Mary Roff, morte douze ans auparavant. Les deux enfants ni leurs familles ne s'étaient jamais connues.

Dès lors, pendant près de quatre mois, Mary Roff parlera et agira avec les organes de Lurancy Vennum, reconnaîtra les personnes et les objets qu'elle a connus étant vivante, s'identifiant d'une façon rigoureuse avec la conscience de la défunte. Elle oubliera complètement tout ce que le médium connaissait, ne connaîtra plus personne de sa famille, mais reconnaîtra une toque portée autrefois par Mary, se souviendra d'un voyage de celle-ci au Texas, d'un coup de couteau dont elle s'était frappée au bras, rappellera que son frère a été brûlé par un poêle.

Au bout de quatre mois, pendant lesquels elle a donné des preuves quotidiennes de son souvenir du passé, elle reprit conscience et redevint Lurancy Vennum.

On a tenté d'assimiler ce cas aux dissociations de la personnalité ; mais comme le remarque fort justement M. Chevreuil, ce qu'on n'a jamais vu, c'est une dissociation capable de créer un personnage qui ne serait pas sorti de la personnalité elle-même, capable de fournir un état-civil, de prouver son identité, une personne ayant famille, amis et domicile. Un pareil phénomène ne peut pas sortir d'une dissociation, et c'est aussi l'opinion du Dr Hodgson qui conclut que ce fait, dans sa forme culminante, appartient à la catégorie spirite.

Le mysticisme et l'autosuggestion

Nous savons combien l'état de crédulité est facile à produire sur des personnes nerveuses et combien l'autosuggestion a sur elles de puissance. Nous pouvons reconstituer l'état d'âme de ces mystiques qui, à toutes les époques, ont cru être en rapport avec la divinité, avec les anges ou avec les saints.

Mme Guyon, l'amie de Fénelon, composait des livres qu'elle supposait dictés par Dieu lui-même ou par Jésus-Christ ; elle publia le « Traité complet de la Vie intérieure », puis le « Commentaire sur l'Ecriture Sainte », le « Commentaire sur le Cantique des Cantiques » ; ayant égaré son Commentaire sur les juges, il lui fut dicté une seconde fois. Ayant retrouvé ensuite son premier manuscrit, il se trouva que les deux versions étaient conformes en tous points (Matter. — « Le magnétisme au temps de Fénelon ».).

En 1885 parut une Vie de Jésus éditée par lui-même, qui nous paraît un pur produit de l'imagination du pseudo-médium ; rien dans ce travail ne porte la trace du grand esprit dont il porte le nom. Le passage suivant révèle l'état nerveux du sujet et les sources où il a puisé les matériaux qui lui ont servi à composer subconsciemment son élucubration :

« Voici comment me fut dicté cet ouvrage : j'avais parcouru plusieurs auteurs de la Vie de Jésus ; ces lectures faites, je demeurai dans la conviction que le meilleur de ces essais représentait un roman plus fructueux matériellement pour l'inventeur que pour l'intelligence et l'instruction des lecteurs. Le désir d'en savoir davantage me tourmentait sans cesse, si bien que je hasardai une question à mon guide toujours si fidèle et si dévoué. Thiphis me répondit : Si tu veux connaître la vérité, demande-la à Jésus lui-même, il te la dira ».

Il n'est pas douteux que l'exaltation mystique n'amène un éréthisme nerveux, une exagération des facultés intellectuelles qui permettent de composer des œuvres parfois brillantes, ne contenant malheureusement aucune preuve de leur provenance extérieure.

Le diabolisme dans l'autosuggestion

Ne manquons pas, pour être complets, de signaler le cas contraire, très rare de nos jours, mais qui a joué un grand rôle dans l'histoire du Moyen Age : le délire de possession par le diable. Encore que ce genre de manifestations ne soit revendiqué par aucune personne sensée comme étant d'origine spiritique, l'autorité ecclésiastique s'acharne à y voir l'intervention du Malin et son incarnation dans le possédé.

De nombreux auteurs ont longtemps discuté sur cette forme de délire ; mais un des cas les plus curieux a été observé par le professeur Janet qui en fît l'intéressante communication dans une conférence à l'Université de Lyon, le 23 décembre 1894.

Il s'agit d'un certain Achille, en traitement à la Salpêtrière, qui se prétendait entouré de petits démons cornus et grimaçants ; de plus, le Diable était en lui et le forçait à prononcer d'horribles blasphèmes : « Je n'ai pas assez cru à notre sainte religion, ni au Diable, disait-il ; il s'en est bien vengé. » Il chercha à se suicider en se jetant dans une mare après s'être lié les pieds, mais il parvint à s'en sortir : « Vous voyez bien que je suis possédé du Démon, dit-il, puisque je ne puis pas mourir. J'ai fait l'épreuve que demande la religion et j'ai surnagé. Ah ! le diable est bien en moi ! » Il murmurait des blasphèmes : « Maudit soit Dieu ! Maudite la Trinité ! Maudite la Vierge ! », affirmant que c'était le Démon qui parlait ainsi par sa bouche. Il avait des discussions avec le Diable : « Les prêtres sont des misérables ! — Tu mens. — Non, je ne mens pas. » il se frappait, se déchirait avec ses ongles sans éprouver de douleur.

Janet raconte longuement comment il arriva, par autosuggestion, à guérir ce pauvre homme qui était devenu fou à la suite d'une infidélité faite à sa femme. Combien d'hommes, aujourd'hui, seraient-ils capables d'un tel remords ?

Les exemples qui précèdent font aux spirites une obligation impérieuse de distinguer dans les manifestations médianimiques celles qui émanent de l'au-delà et celles qui proviennent de l'animisme ; il faut repousser toute communication qui n'apporte pas la démonstration de sa provenance supraterrestre ; il faut exiger des preuves.

Quant à nous, nous ne cesserons d'exposer au public que le spiritisme n'est pas responsable de toutes les fantaisies dont on l'accuse et qu'il ne prend rien à sa charge tant que l'authenticité et l'identité du communicant ne sont pas établies avec un luxe de preuves qui défie toute contradiction.

N'étant ligotés par aucun parti-pris d'école, nous avons entrepris notre tâche avec la plus grande impartialité et une entière indépendance, au risque d'attirer sur nous les foudres de l'Eglise et les critiques de quelques cuistres qui ne peuvent tolérer qu'on dépasse les limites désignées par eux comme étant celles du savoir humain.

Le point de vue psychologique classique et le point de vue spirite

Dans son chapitre si intéressant sur l'objectivation des types (Ch. Richet. — « L'homme et l'intelligence », page 234.), le prof. Richet expose le genre de phénomènes tout particulier sur lequel il base sa démonstration :

Il rappelle d'abord que « c'est la mémoire qui constitue le sentiment de notre identité : c'est par le souvenir de ce que j'ai fait hier, il y a huit jours, il y a six mois, que j'ai conscience d'être le même personnage ». Mais si, tout à coup, je perdais cette mémoire, et que l'on me suggérât que je suis un autre individu (petit enfant, vieille femme)... il se produirait en moi quelque chose de semblable à ce qui a lieu pour le romancier lorsqu'il crée les divers types de son roman : il imagine des sentiments, des gestes, des événements en rapport avec son personnage idéal ; mais si fidèlement qu'il peigne ce personnage, si profondément qu'il entre dans la fiction qu'il développe, il ne perd jamais le sentiment de sa personnalité. Il sait que c'est lui qui imagine tous les épisodes du roman, tandis que chez le somnambule à qui l'on suggère qu'il est une vieille femme, il se produit immédiatement une amnésie totale pour tout ce qui concerne sa personnalité normale, et il ne subsiste plus dans sa conscience que les souvenirs relatifs au type qui lui est suggéré.

Ces souvenirs s'associent entre eux avec une telle puissance que le sujet s'imagine réellement être l'individu provoqué par la suggestion et alors, suivant ses connaissances personnelles, il rend le personnage avec une fidélité parfois remarquable. A ce moment, sa personnalité normale a disparu pour faire place à une personnalité fictive.

Voici deux cas, cités par Richet, qui nous feront comprendre ce phénomène mental, obtenu par suggestion pendant le sommeil du sujet.

Objectivation du type archevêque. — La figure prend un aspect très sérieux ; la voix est d'une douceur mielleuse et traînante ; elle se prend la tête et réfléchit : « Il faut pourtant que j'achève mon mandement. Ah ! c'est vous, monsieur le grand vicaire ; que me voulez-vous ? Je ne voudrais pas être dérangé. Oui, c'est aujourd'hui le 1er janvier et il faut aller à la cathédrale. Toute cette foule est bien respectueuse, n'est-ce pas, monsieur le grand vicaire ? Il y a beaucoup de religion dans le peuple, quoi qu'on fasse. Ah ! un enfant ; qu'il approche, je vais le bénir. Bien, mon enfant ! » Elle lui donne à baiser sa bague imaginaire, et fait ensuite à droite et à gauche des gestes de bénédiction.

« Maintenant, j'ai une corvée : il faut que j'aille présenter mes hommages au Président de la République... Monsieur le Président, je viens vous offrir tous mes vœux. L'Eglise espère que vous vivrez de longues années ; elle sait qu'elle n'a rien à craindre, malgré de cruelles attaques, tant qu'à la tête du gouvernement de la République se trouve un parfait honnête homme. » (Elle se tait et semble écouter avec attention. A part :) «Oui, de l'eau bénite de cour. Enfin !... Prions !... » Elle s'agenouille.

Objectivation du type militaire. — On a donné au sujet la suggestion qu'elle est un général. Elle fait hum ! hum ! à plusieurs reprises, prend un air dur et parle d'un ton saccadé : « Allons boire ; garçon, une absinthe. Qu'est-ce que ce godelureau ? allons, laissez-moi passer. Qu'est-ce que tu me veux ? » (on lui remet un papier qu'elle fait semblant de lire) ; qu'est-ce qui est là ? » on lui répond : C'est un homme de la 1re du 3. — « Ah ! bon ; voilà ! » Elle griffonne quelque chose d'illisible. « Vous remettrez ça au capitaine adjudant-major. Et filez vite. Eh bien ? et cette absinthe ? » On lui demande s'il est décoré. « Parbleu ! — C'est qu'il a couru des histoires sur votre compte. — Ah ! quelles histoires ? Ah ! mais, sacrebleu ! quelles histoires ? Prenez garde de m'échauffer les oreilles. Qu'est-ce qui m'a foutu un clampin comme ça ? » Elle se met dans une violente colère qui se termine presque par une crise de nerfs.

Dissemblance entre un sujet hypnotisé et un médium

Dans ces deux types si nettement différenciés et rendus avec une vérité saisissante, c'est le même acteur qui joue les deux rôles et les compose avec les matériaux qu'il a pu accumuler en lui, avec ses propres connaissances ou avec l'idée vraie ou fausse que lui-même se fait du personnage figuré.

D'autres fois, c'est en puisant dans ses souvenirs d'hypnotisé que le sujet reproduit une personnification fidèle qui s'est gravée en lui de façon indélébile. En 1880, à l'hôpital de la Charité, le docteur Luys endormit une ouvrière, la fit monter sur l'estrade et au profond ahurissement de l'auditoire, lui fit répéter mot pour mot, avec ses propres intonations et ses propres gestes, en un langage scientifique impeccable, une fort savante conférence qu'il avait faite lui-même quelque temps auparavant et qu'elle avait inconsciemment enregistrée, tandis qu'elle se trouvait dans l'état d'hypnose.

Mais en quoi l'objectivation des types diffère complètement de l'incarnation spirite : c'est que, si l'on demande au sujet qui représente l'archevêque, de réciter en latin un passage de la messe ou de l'Evangile, il y a 99 pour 100 de chances pour que le prétendu prélat ne puisse en articuler que quelques vagues mots.

On pourrait lui poser des questions théologiques auxquelles il serait dans l'incapacité de répondre ; en un mot, le général purement imaginaire ou l'archevêque de fantaisie ont été mimés par le sujet en mettant en œuvre des éléments tirés de son propre fonds.

Il en va tout autrement dans les incorporations spirites, car les personnalités qui s'y manifestent font preuve de connaissances que le sujet n'a jamais pu acquérir : elles citent des faits, des noms et des dates qui ne peuvent se trouver ni dans leur conscience normale ni dans leur subconscient ; une enquête subséquente démontre la réalité objective de ces faits, de ces noms et de ces dates, ainsi que nous le verrons plus loin ; et cela détruit également toute suspicion de roman subliminal.

C'est ce qu'ont été obligés de reconnaître des observateurs non spirites, mais impartiaux, comme M. le docteur Maxwell, procureur général à Bordeaux, qui dit, à propos de Mme Piper : « Ces faits tendent à démontrer que le médium a connaissance de faits que seul le défunt savait (Docteur Maxwell.— « Les phénomènes psychiques », p. 228.) ».

Un autre psychologue, M. Flournoy, qui ne VEUT pas admettre l'hypothèse spirite, même comme hypothèse de travail, reste cependant perplexe devant une question qui ne peut être résolue précisément que par l'acceptation de cette hypothèse (Flournoy. — « Des Indes à la planète Mars». p. 275.).

CHAPITRE VIII
Manifestations erronées ou douteuses

Voudrait-on mesurer les hommes à la rectitude de leurs idées en physique et à la connaissance plus ou moins exacte qu'ils possèdent du vrai système du monde ?

Renan

Les manifestations qui suivent ont été presque toutes obtenues à la villa Montmorency, siège de l'Union Spirite Française, de décembre 1920 à juin 1922.
Le comité de la Société Française d'Etudes Psychiques avait nommé une commission chargée d'étudier spécialement la médiumnité par incarnation. Albertine se mit à sa disposition, et cela permit de faire,

pendant cette période, des recherches expérimentales du plus haut intérêt.

Elles eurent lieu sous la présidence de M. Gabriel Delanne, auquel son état de santé ne permettait pas de se déplacer. M. Bourniquel dirigeait les épreuves ; M. Paul Bodier remplit pendant quelque temps les fonctions de secrétaire, mais faute de loisirs suffisants, il fut ensuite remplacé par Mlle Jeanne Laplace qui prit en sténographie toutes les séances.

Les assistants au nombre d'une vingtaine, étaient tous expérimentés, et aucun d'eux n'a jamais considéré ces recherches autrement que comme une étude des plus sérieuses. Les conditions imposées étaient simplement : observer et se taire ; néanmoins, il était permis de demander des explications et personne ne s'en fît faute.

A part cela, pas de rituel, pas le moindre cérémonial qui put affecter l'apparence d'un culte. Tout se faisait en pleine lumière ; dès que le jour baissait, on allumait le lustre. L'obscurité, la lumière rouge elle-même eussent été une cause de gêne pour étudier les mouvements du médium, ses jeux expressifs de physionomie, les déformations de son corps.

Après lecture et adoption du procès-verbal, le Président faisait une brève invocation : « Nous prions les bons esprits de se joindre à nous et de favoriser les communications » ; il donnait, lorsque c'était nécessaire, des éclaircissements sur différents points. Puis, le guide Camillo était appelé : « Nous prions Camillo de vouloir bien se communiquer par les facultés d'Albertine ». Celle-ci s'endormait alors au bout de une ou deux minutes, sans qu'on fut, obligé de s'occuper d'elle d'une façon quelconque, et elle répondait aux questions nombreuses et diverses qui lui étaient posées.

Nous n'eûmes jamais l'impression que les réponses faites par Camillo et par les autres esprits étaient marquées d'une transcendance quelconque. Les renseignements concernant leur état psychique donnés par les entités, nous les ont représentés comme continuant, en quelque sorte d'une manière inconsciente pour la plupart, leur existence terrestre.

Beaucoup vivent une sorte de rêve où les sensations d'ici-bas se mêlent d'une façon bizarre à leur nouveau milieu. En somme, nous n'avons eu affaire qu'à des esprits peu évolués, et c'est probablement pour nous faire connaître cette région mystérieuse de l'au-delà que l'on nous a amené en grand nombre des êtres qui ne se rendaient pas un compte absolument exact de leur véritable situation. Parmi eux, cependant, quelques-uns étaient au courant de leur décès.

C'est, en somme, la confirmation des enseignements antérieurs que l'on trouve dans les ouvrages spirites, et cette catégorie de désincarnés a été signalée par Allan Kardec au milieu du siècle dernier.

Il est clair, dès lors, que nous ne pouvions guère avoir l'espoir d'obtenir de ces esprits des explications transcendantales ; ils eussent été incapables de nous les fournir, car eux-mêmes ne paraissaient pas toujours comprendre grand-chose à leur état, et c'est nous qui devions le leur expliquer.

Mais ce qui importe ici, c'est le contrôle de leur identité. Nous avons acquis la preuve que la mort n'a pas détruit leur personnalité, et c'est là l'essentiel ; là aussi s'est bornée notre ambition.

Il n'est pas douteux que dans d'autres séances, avec d'autres médiums écrivains ou voyants, on ne puisse entrer en relations avec des êtres plus évolués qui, eux, pourront alors aborder des problèmes plus complexes ; mais il faudra toujours compter avec l'extrême difficulté inhérente à ces divers modes de transmission de la pensée, rendus encore plus précaires par l'obligation pour les esprits de se servir d'un organisme qui n'est pas le leur.

Dans les séances de la villa Montmorency, lorsque Camillo avait terminé ses explications, nous lui demandions de nous envoyer un esprit inconnu de tous ; nous laissions la porte ouverte à ceux qui voulaient venir. Camillo quittait le médium et laissait la place à une entité qui, nous l'avons déjà dit, reproduisait d'abord son agonie, passait ensuite par l'état thanatoïde que nous avons décrit, et enfin nous racontait sa vie de façon plus ou moins précise.

Si l'un d'entre nous ou le médium lui-même connaissait cet esprit, avait entendu parler de lui, lu son nom dans les journaux, parcouru le pays qu'il avait habité, la manifestation était considérée comme nulle, et nous n'en faisions pas état en tant que preuve de survivance, afin d'éliminer la fameuse explication par la cryptesthésie.

Parmi ces manifestations, certaines ont une origine nettement douteuse, d'autres sont indéniablement erronées. Le médium a mimé sous nos yeux des scènes d'un réalisme saisissant, mais lorsqu'on alla aux renseignements, il fut impossible de retrouver la moindre trace des faits cités et des personnes mises en cause.

Ce sont ces deux catégories que nous avons réunies dans ce chapitre.

Le maçon du Panthéon

La première séance date du 19 décembre 1920. En voici le procès-verbal très résumé, rédigé par M. Bodier.

« Le médium incarne une entité disant être un maçon victime d'un accident en descendant d'un échafaudage par une corde à nœuds. Ce maçon travaillait au Panthéon, à la surélévation d'une partie de ce monument en 1875 ou 1876, en novembre. Pressé de donner une date plus précise, il donne le jeudi 12 novembre. Après beaucoup de difficultés, il donne son nom : Chevalier (Pierre) demeurant rue des Anglais (Paris) où sa femme tenait un commerce. Il avait 39 ans et était originaire de la Corrèze. Le médium dégagé par M. Bourniquel donne ensuite des indications par la voyance qui confirment en partie les renseignements précédents. »

Il faut ajouter que pendant cette incarnation, le médium faisait les gestes de grimper à une corde, puis son visage dépeignit à merveille l'effroi de quelqu'un qui tombe dans le vide.

Bien que certaines personnes nous aient affirmé avoir lu jadis le récit d'un accident survenu au Panthéon, mais sans pouvoir en préciser l'époque, nous ne pûmes retrouver la trace d'un Pierre Chevalier ayant habité rue des Anglais. Deux personnes furent successivement chargées de l'enquête, mais leurs recherches les plus patientes restèrent infructueuses.

Où donc le médium avait-il été chercher cette personnalité ? Dans sa propre imagination ? Dans son subconscient ? Nous inclinons à croire qu'il s'est trompé en donnant soit son nom, soit le nom de la rue où il habitait, soit la date, soit l'emplacement exact où se produisit l'accident.

Le Pierre

Voici une autre communication du même genre, entachée d'erreurs identiques et d'imprécisions ; le procès-verbal du 27 mars 1921 la résine ainsi :

« L'esprit demande à boire, appelle plusieurs fois : Louise ; il donne son nom : le Pierre, dit qu'il est mort à Saint-Laurent (Hautes-Pyrénées) ; que sa femme s'appelait Louise et qu'il était soigné par le docteur Lautier. Il se plaint du bruit que fait la pendule, ainsi que de celui fait par un enfant. Il soutient qu'il n'est pas mort. On demande à Camillo de lui montrer son cadavre pour lui prouver le contraire. Il rit alors, fait des grimaces, se rend compte que le cadavre qu'on lui montre est bien le sien, mais croit qu'il est fou. On le détrompe. Il dit qu'il a un garçon du nom de Jean. Son nom, à lui, est Bugeaud. Il dit qu'il est mort en 1886, mais ne peut préciser que le mois de juin. Son frère a épousé la sœur de sa femme. Son enfant avait 3 ans quand lui-même est mort. Saint-Laurent, où il est mort, est situé entre Bagnères-de-Bigorre et Lourdes ; il est mort de méningite. »

A son réveil, le médium eut la vision correspondant à cette incarnation et ajouta encore des détails complémentaires.

Les faits révélés étaient objectifs et suffisants comme indication ; une enquête aurait été facile et nous aurait renseigné sur leur valeur. Néanmoins, nous ne la jugeâmes pas utile pour deux raisons. D'abord parce qu'il n'y a pas de Saint-Laurent entre Bagnères et Lourdes, mais que cette localité : Saint-Laurent-de-Neste, se trouve entre Tarbes et Montréjeau. Ensuite, Albertine connaissait vaguement cette région qu'elle avait traversée l'année précédente ; elle avait même fait un court séjour à Bagnères, et l'on n'eût pas manqué d'objecter qu'il ne s'agissait là que d'un réveil de la mémoire latente. Nous ne faisons donc pas état de cette communication et nous la mentionnons simplement pour montrer notre souci de précision et notre excès de scrupule.

L'ouvrier du gaz

Autre manifestation douteuse ; c'est celle du 8 mai 1921. Ce jour-là, nous eûmes la visite d'un ouvrier plombier, mort asphyxié dans une cave, en réparant une conduite de gaz.

« Il y a une fuite, s'écrie-t-il ; il faut aller voir si tout est fermé ; oh ! la ! la ! appelez l'homme... Dépêchez-vous, nom de Dieu !... oh ! la ! la ! fermez la colonne... »

Après un temps employé à lui faire comprendre qu'il était mort, il déclare s'appeler Georges Barra, âgé de 28 ans et habiter Lille, avec ses parents, rue Arnaud, n° 4. Son patron, M. Pouré, restait aussi dans cette rue. L'accident se serait produit en 1882. Il avait eu une sœur, Marguerite, morte 10 ans avant lui. Il était boiteux et n'avait pas été soldat.

La vision qui suivit cette incarnation nous donna un signalement complet de l'individu, mais le médium déclara que les images qu'il voyait étaient floues.

Les renseignements étaient certainement erronés ; il est rare de trouver des installations de gaz dans les caves, au moins dans les maisons particulières ; nous ne pûmes retrouver la famille de ce plombier, les personnes auxquelles nous nous adressâmes ne connaissant pas la rue Arnaud. L'ancienneté du décès qui remontait à 39 ans, l'occupation allemande qui a pesé si lourdement sur Lille et fit tant de victimes et de vide dans cette malheureuse cité, tout cela compliquait les difficultés au point que nous fûmes obligés de renoncer à tirer la chose au clair. Si quelque lecteur retrouvait des souvenirs intéressants s'y rapportant, nous lui serions fort obligés de nous les communiquer.

Autres erreurs

Nous eûmes, à différentes dates, d'autres communications radicalement fausses, notamment la suivante :

« Savard (Emmanuel) tailleur, demeurant 7, rue Courte, à Epinal. Ça me brûle dans l'estomac... De la limonade... de la tisane... J'ai de l'emphysème... J'ai attrapé la grippe et ça m'a plié. C'était en 1918, en septembre. On me transporta à l'Hôtel-Dieu d'Epinal où je suis mort. J'avais deux filles : Thérèse (16 ans) et Marie-Louise (9 ans). J'étais boiteux, c'est pourquoi je n'ai pas été mobilisé. Ma femme avait 38 ans et s'appelait Jeanne Monié. »

M. le secrétaire de la mairie d'Epinal a bien voulu nous faire parvenir la fiche ci-contre :

« J'ai l'honneur de vous rendre compte qu'après bien des recherches sur les registres de l'Etat-civil de la ville d'Epinal, il m'a été impossible de trouver le décès de M. Savard (Emmanuel). Le personnel de la mairie et de la police ignorent la résidence de M. Savard et de sa famille. » .

Il en fut de même pour :

Antoinette Lafforgue, née Doumenc, décédée vers 1882, à Villefranche-de-Rouergue (Aveyron) ;

Jean-Marie Maillard, tanneur, décédé à Maringues (Puy-de-Dôme), qui a donné d'abondants détails sur lui-même et sur un de ses ouvriers « un petit polisson, dit-il, qui a assassiné son père et sa mère pour leur voler leur argent ; il a été guillotiné. »

La mairie de Villefranche-de-Rouergue et celle de Maringues ont fait des recherches qui n'ont pas abouti.

Voilà donc encore trois cas qui démontrent à quel point nous devons être circonspects lorsqu'il s'agit de communications médianimiques. Certes, la bonne foi du médium est ici indéniable, hors de contestation, mais cela ne suffit pas. Il faut tenir compte des erreurs qui peuvent se glisser dans ses déclarations, erreurs portant sur les noms, les dates et les événements.

Il y a bien quelques vraisemblances éparpillées çà et là ; par exemple, la localité de Maringues existe réellement dans le Puy-de-Dôme et nous avons l'absolue certitude qu'elle était ignorée du médium ; au surplus, pas un d'entre nous ne la connaissait. Il y a des tanneries dans cette région. Quant à l'assassinat commis par le petit polisson, s'il a réellement été accompli, c'eut été une raison, à cause de sa publication probable dans les journaux de l'époque, pour que nous ne fissions aucune enquête.

Passons donc tout ce chapitre par profits et pertes, nous réservant de développer plus loin les commentaires que nous inspirent ces étranges lapsus mémorisés.

CHAPITRE IX
Manifestations nettement subconscientes

Eva, qui donc es-tu ?
Quelle est donc ta nature ?
Sais-tu quel est ici ton but et ton devoir ?
(A. de Vigny. — La maison du berger.)

Après les communications erronées ou douteuses, voici les communications, qui, à coup sûr, constituent des manifestations subconscientes de la mémoire latente. Dans les deux cas que nous rapportons ici, on verra que le médium a puisé dans ses souvenirs récents les faits dont il nous parle ; il les a rapportés avec une fidélité remarquable et si la médiumnité subjective n'avait à son actif que des communications de cet ordre-là, la doctrine spirite aurait de bien fragiles appuis. Nous serions les premiers à nous ranger aux côtés de ceux qui l'attaquent avec tant d'âpreté, et notre énergie, nos protestations se joindraient aux leurs.

Mais il n'en est pas ainsi ; nous trouverons, en avançant sur notre route, des faits de moins en moins douteux et de plus en plus déconcertants ; après les phénomènes imputables à la subconscience, nous arriverons à d'autres qui seront de véritables révélations. Pour peu qu'on soit de bonne foi, on conviendra alors que les affirmations des spirites ont toute raison d'être, en ce qui concerne la survivance de l'individualité. « Cette chose nous importe si fort, a dit Pascal, et nous touche si profondément, qu'il faut avoir perdu tout sentiment pour être dans l'indifférence de savoir ce qui en est. »

Nous ne craignons pas d'exposer les faits tels qu'ils se présentent, quitte ensuite à séparer l'ivraie du bon grain. Contrairement à ceux qui affirment que les spirites sont des crédules qui acceptent les yeux fermés tout ce qui leur arrive par le canal des médiums, nous sommes les premiers à signaler les cas où la conscience de ces derniers évoque des scènes ou des personnages qui n'ont aucune valeur probante, parce qu'ils ont été simplement réveillés au moyen de souvenirs puisés dans la mémoire latente et parfois dramatisés sous forme de roman subliminal.

Le noyé au Pont Saint-Michel
La première de ces manifestations se produisit à la fin de 1921. L'avant-veille, A passant en autobus sur le pont Saint-Michel, aperçut un attroupement considérable. A Paris, il en faut peu pour attirer les badauds : un chapeau emporté dans la Seine par un coup de vent, et voilà immédiatement 500 personnes penchées au-dessus des parapets.

Mais cette fois, l'affaire était plus sérieuse : un jeune homme venait de se jeter à l'eau et les brigades fluviales faisaient des sondages pour le repêcher. Albertine rentra tout émotionnée, et raconta la dramatique aventure.

Le dimanche suivant étant jour de réunion à la villa Montmorency, Albertine incarna un jeune homme qui, selon toutes les apparences, devait s'être noyé. Elle reproduisit toutes les phases de ce qu'on peut supposer être une agonie de ce genre, suffoqua, étouffa, montra une angoisse extrême. Interrogé, le soi-disant esprit ne put, et pour cause, indiquer son état-civil. A son réveil, Albertine eut tout d'abord la vision du pont Saint-Michel, puis celle d'un jeune homme debout près du parapet, qui quittait hâtivement son veston et se précipitait dans l'eau.

L'action de la subconscience est ici indéniable ; elle l'est également dans la deuxième manifestation que voici.

La Vierge mariée

Mlle Marguerite X avait épousé un médecin que, par commodité, nous appellerons Robertin, et qui était installé dans la région du Nord. Le ménage aurait pu être heureux, mais le Destin ne le voulut pas ainsi. Un développement anormal de certains organes, un éléphantiasis de nature spéciale empêcha toujours le mari de couronner la flamme de son épouse, autrement dit, il ne put jamais lui témoigner que des marques d'amour exclusivement platoniques. De là malentendus, froideurs, querelles, pleurs et brouille.

Devant le désappointement amplement justifié de sa femme, devant ce calvaire douloureux qu'il aurait bien pu prévoir auparavant, Robertin, désemparé, ne trouva de refuge que dans l'alcool ; quotidiennement, il s'abrutissait de boissons.

Cet intérieur devint bientôt un enfer pour la malheureuse Marguerite qui dut, à maintes reprises, subir les brutalités de son époux. Cela dura douze ans. Au bout de ce temps, voyant son avenir définitivement perdu, voulant vivre sa vie, Mme Roberlin se décida à prendre un amant. Elle choisit encore un médecin. Quelle ne fut pas la surprise de l'heureux élu de constater, à la première rencontre, que sa maîtresse, cette femme mariée depuis 12 ans, était vierge.

Cette histoire invraisemblable est rigoureusement vraie. Une de nos amies, Mme C., en avait reçu la confidence de Marguerite elle-même, son amie de pension, et à son tour, elle la raconta à Albertine, au cours d'une visite que celle-ci lui fit le 2 mars 1922.

Etant donné le caractère confidentiel de ce petit drame intime, Albertine ne le répéta à personne ; mais cinq jours après, à la villa, elle fit l'incarnation d'un médecin mort vers 1910 à... (ville de la région du nord) à l'âge de 48 ans et portant le nom de Robertin.

Celui-ci raconta d'une façon détaillée les épisodes que nous avons simplement effleuré ici ; il donna le nom d'un professeur de la faculté de Lille, le docteur Debierre, sénateur ; il croyait se rappeler avoir autrefois habité Lille avec ses parents, propriétaires, rue Ney, mais n'en était pas sûr. Il déclara être mort à la suite de gangrène aux jambes due à l'infection d'une piqûre. Il ne put donner le nom du maire de la localité où il avait exercé ; c'est pourtant une personnalité politique des plus connues.

Comme aucun d'entre les assistants ne connaissait cette histoire, que les particularités nombreuses de cette existence tourmentée méritaient d'être vérifiées, le comité désigna comme enquêteur M. Le Loup de Sainville dont l'habileté et la discrétion étaient aussi utiles l'une que l'autre pour élucider ce cas tout spécial.

M. Le Loup n'eut pas à accomplir sa mission, car, le mardi suivant, Mme C. étant venue assister à une séance chez M. Bourniquel, Albertine revint incarner le soi-disant esprit.

Dès les premières paroles, Mme C. le reconnut :

« Comment, c'est vous, Robertin ? Que venez-vous faire ici ?

— C'est moi. Je viens exprimer mes regrets de tout le mal que j'ai fait. Ma femme a été malheureuse par moi, etc... »

Là-dessus nous intervînmes pour demander à Mme C. si elle connaissait ce désincarné.

« Je crois bien, répondit-elle ; j'ai même raconté son histoire à Albertine, mardi dernier ».

C'est ainsi que nous apprîmes comment Albertine connaissait la vie de Robertin. Est-ce bien l'esprit de celui-ci qui est venu, par deux fois, s'incarner en elle ? Cela n'est pas impossible, mais en tout cas, partisans déterminés de l'explication la plus simple, nous admettons ici l'action du subconscient.

Elle est logique, elle est plausible, elle explique tous les faits : il serait donc impossible de ne pas lui donner la première place.

Remarquons néanmoins que ces deux manifestations se rattachent à des événements dont le médium a eu connaissance tout récemment, 4 ou 5 jours à peine. Il est donc très naturel que son subconscient ait enregistré, et même que sa conscience normale ait conservé un souvenir suffisamment vif et précis de ces événements pour que le médium ait pu nous les rapporter avec une telle fidélité.

En eût-il été de même si ces faits étaient venus à sa connaissance longtemps, très longtemps avant la séance de l'incarnation ? En eût-elle garder le souvenir latent pendant 15 ou 20 ans, et plus ? Les psychologues officiels répondent : oui, et rien ne nous autorise à les contredire.

Notons que, dans toute la vie psychique d'Albertine, ce sont les deux seuls cas avérés de personnalités subconscientes que nous ayons connus. Ils ne nous ont pas prouvé que la subconscience conserve indéfiniment le souvenir des événements anciens, mais ils nous donnent, cette certitude absolue en ce qui concerne les faits récents.

Nous admettons donc parfaitement que c'est par autosuggestion qu'Albertine, en état second, a personnifié le noyé et le docteur.

CHAPITRE X

Manifestations où la subconscience est probable et peut être valablement invoquée

Les hommes n'ayant pu guérir de la mort, de la misère, de l'ignorance, se sont avisés, pour se rendre heureux, de n'y point penser.

Pascal

Nous arrivons à une série de manifestations dans lesquelles l'hypothèse du subconscient possède encore un droit de priorité sur toutes les autres, mais avec moins de force que dans les cas précédents.

Nous avons classé dans cette catégorie les communications faites par des esprits de famille en présence de leurs parents, de leurs amis ou de personnes qui les avaient connus. Elles ont été obtenues par Albertine, en incarnation, chez elle ou chez des amis intimes.

Que l'on ne s'y trompe pas. Nous ne prétendons pas certifier que dans toutes ces manifestations, l'agent principal est le subconscient, à l'exclusion de tout autre. Nous savons, au contraire, par les difficultés que l'on éprouve, même dans ces cas particuliers, à obtenir des esprits les renseignements qu'on leur demande, nous savons à quel point le fonctionnement de ce subconscient se montre si souvent rebelle. Mais nous savons aussi combien il s'impose comme première hypothèse, lorsque la clairvoyance du médium a eu la possibilité de s'alimenter dans les cerveaux voisins.

Certains savants ont attesté le pouvoir de la télépathie, d'autres l'ont vigoureusement nié ; contre toute logique, les uns et les autres se sont mis d'accord pour mettre à son actif la plupart des manifestations subjectives. N'importe. Le subconscient, dans les cas que nous allons citer, a une valeur de probabilité dont il serait déloyal de ne pas tenir compte.

Un premier mai pacifique

L'après-midi du 1er mai 1920 fut quelque peu agité, à Paris. Les revendications ouvrières employèrent, ce jour-là, la manière forte pour se faire entendre ; il y eût, selon l'usage, des carreaux cassés, des manifestants conduits au poste, et cela fit faire un grand pas à la question sociale.

Peu soucieux de se mêler à la foule et d'aller respirer dans les rues des odeurs de poussière et de sueur, voire même de recevoir des projectiles anonymes, M. et Mme Yvonneau décidèrent d'aller faire une visite amicale à Mme Bourniquel : « Nous en profiterons, se dirent-ils, pour demander une communication avec nos parents ; il y a si longtemps que nous ne les avons fait appeler. » C'est ce qu'ils firent ; ils obtinrent la communication demandée qui leur donna, affirmèrent-ils, la plus grande satisfaction.

Albertine dormait encore lorsqu'un monsieur inconnu arriva et se présenta : « Je suis M. Escudier, employé au Journal ; je viens de la part de M. Delanne qui me recommande à vous ; il m'a dit que vous ne me refuseriez pas le service que je viens solliciter : je voudrais faire l'évocation de deux membres de ma famille, qui sont morts récemment.

— Soyez le bienvenu, monsieur ; vous arrivez bien à propos ; nous faisons précisément une petite séance intime. Albertine a terminé avec M. Y, et va s'occuper de vous. Comment s'appelle l'esprit que vous désirez ?

— Marie.

Sans se réveiller, Albertine fait alors l'agonie d'une vieille femme, foudroyée par une attaque de paralysie. Tout le côté droit présente la raideur spécifique de l'hémiplégie ; le masque, asymétrique, est contracturé d'un côté avec la bouche tirée vers le menton, et normal de l'autre. Elle donne son nom, la date de sa mort, qui sont reconnus par M. Escudier comme se rapportant à sa femme ; il déclare, en outre, qu'elle a succombé à une attaque de paralysie. Très ému de se retrouver avec son épouse, il échange avec elle des souvenirs d'autrefois.

« Et Juliette, demande-t-il, vois-tu Juliette ? »

L'esprit ne répond pas directement, mais balbutie :

» Vovonne... Yvonne... je la vois...

— Yvonne, c'est Yvonne que tu vois ? s'écria M. Escudier tout chaviré.

— Oui, elle est là, près de moi.

— Yvonne ? Est-ce possible ? »

Il explique alors qu'Yvonne est une enfant qu'il a perdue il y a 28 ans ; il avoue franchement qu'il était fort loin de songer à elle, lorsqu'elle a été vue par la mère, en place de Juliette, une autre de ses filles, morte récemment, après 21 jours de mariage. Il ne sait trop que dire à cette enfant qui n'avait que 4 ans ; mais Yvonne lui rappelle alors des faits lointains dont lui-même avait perdu le souvenir, qu'elle seule pouvait connaître, et qui émeuvent le père au plus haut point.

A noter que le médium ignorait absolument l'existence de cette famille ; lorsqu'il s'est réveillé, il a été grandement étonné de trouver à son côté ce monsieur inconnu qui était arrivé pendant son sommeil.

M. Escudier habite 170 bis, avenue de Paris, à Vincennes.

Le suicide du mauvais payeur

Mme et M. Yvonneau revinrent le 10 juin et nous prièrent de faire appeler un esprit nommé Benoît S... Celui-ci, ainsi qu'ils nous l'apprirent après la séance, était un ami d'enfance de M. Y. et quelque temps après le mariage de ce dernier, Benoît lui avait emprunté, à différentes reprises, des sommes importantes dont le total représentait une fortune. Il ne fut jamais remboursé par cet individu qu'un beau jour on trouva mort dans la forêt de Sénart. On crut qu'il avait été victime d'un accident. Quant au médium il n'a jamais connu Benoît.

Voici le procès-verbal qui fut rédigé par Mme Yvonneau au cours de cette séance.

« M. Bourniquel demande quel est le nom de l'esprit qui se présente.

R. — Benoît S. Je dors encore. Mettez-moi un coussin, je vous prie. Je veux fumer ».

On accède à son désir ; il fait le geste de fumer et lance la fumée avec une visible satisfaction. Il continue à monologuer :

« Voilà, ma vie. C'est mon plaisir. Je ne dérange personne, n'est-ce pas ? Moi, j'avais une façon de travailler sans prendre de peine. On me reprochait bien de ne pas être honnête, mais j'y trouvais une grande satisfaction.

M. B. — Que faites-vous maintenant ?

— Je dors et je fume ; laissez les morts tranquilles.

— Que voyez-vous ?

— Ce que je vois ! ce sont des hommes comme moi. » M. Y. prend la main de Benoît et lui dit :

— Il y a quelqu'un ici que tu dois connaître.

— Il y a longtemps que je n'ai eu cette visite. C'est toi ? E. Y. (Ce sont les initiales du consultant : Emmanuel Yvonneau.) Je te reconnais bien. Tu m'en as voulu en disant souvent que Benoît était un sale type ; c'est pourquoi on s'était éloigné l'un de l'autre. Mais les affaires sont les affaires ; les miennes paraissent malhonnêtes. Mais, après tout, je ne suis pas obligé de me confesser. Pourquoi m'as-tu prêté ? pourquoi as-tu placé ta confiance en moi ?

— M. Y. — A ce moment, tu implorais ma pitié pour ta femme et tes enfants. — (Silence prolongé).

— Oh ! ce jeu ! je jouais moi-même, à ton détriment ; je savais où je tapais ; mais les miens n'ont profité de rien.

— Vois-tu ta femme ?

— Non, je ne peux pas y aller.

— Alors il a fallu que ce soit moi qui te fasse venir ici ? »

Le médium prend un air contrit, embarrassé ; il paraît gêné.

— M. Y. — Tu avais plus de faconde, autrefois.

— Cela m'a servi à exploiter les uns et les autres. Tous ces papiers m'ont servi à allumer des cigarettes.

— Pourrais-tu nous dire comment tu es mort ?

— Comme meurent les lâches. Oh ! ce chemin ! j'étais parti fou. Cette forêt ! J'avais bu pour avoir le courage d'en finir ; je me serais encore raccroché à la vie si je n'avais eu l'abrutissement de l'ivresse. Ces arbres... ces arbres !... (sa figure exprime l'effroi). J'ai marché, marché longtemps ; mon portefeuille volé... mais c'était simulé pour faire croire à un assassinat, afin que les miens n'aient pas la honte de ma mort, comme ils avaient eu celle de ma vie. Enfin, je me suis suicidé.

— As-tu vu autour de toi le docteur Creyx qui a été appelé pour reconnaître ton cadavre ?

— Ma soulographie m'a fait tout oublier ; je ne me rends pas compte, mais j'étais dans un bois, comme dans un fourré inextricable ; j'étais dans un cauchemar ; celui qu'on a en dormant paraît déjà long, et le mien a duré 18 ans !

— M. B. — Avez-vous pensé à M. Y. depuis votre mort ?

— J'ai pensé à lui et à mes autres victimes ; j'ai cherché à les retrouver pour voir ce qui se passait chez eux. J'ai fait beaucoup d'efforts pour sortir de ce cauchemar.

— M. Y. — Me vois-tu bien ?

— J'entends ta voix et je la reconnais bien. Comment se fait-il que je parle et que je ne vois pas ? Emmanuel ! sors-moi de cette situation. Ces papiers... ce passé... Je t'ai presque mis sur la paille, moi qui ne foutais rien ; et toi, tu as dû travailler. Ta femme n'avait pas confiance ! mais j'ai abusé ; je savais l'art d'envelopper ; à tous mes amis, je leur ai joué des tours. Je me reconnais maintenant comme une franche canaille. »

En vision, le médium décrit la physionomie de Benoît dont la marque caractéristique était de ressembler à un chinois, les yeux bridés et les pommettes saillantes.

Cet esprit se représente de lui-même, huit mois après, annonçant qu'il venait pour la dernière fois, car sa réincarnation était proche ; il demande pardon du mal qu'il avait fait. Il confirme qu'il s'est suicidé après avoir préalablement simulé un vol. En vision, il montre au médium un portefeuille vide, comme si on l'avait volé ; ses vêtements sont déboutonnés, comme arrachés. Il est dans une forêt, il cherche au bord du chemin un arbre assez gros et noueux dont il fait plusieurs fois le tour ; montant alors sur sa bicyclette, il s'élance à toute allure contre cet arbre et se fracasse le crâne. »

M. Yvonneau complète ces renseignements en disant que des ouvriers, se rendant le matin à leur travail, découvrirent le corps ; on trouva dans une de ses poches une carte du docteur Creyx, que l'on fît venir afin de constater l'identité.

Ici, la seule personne qui puisse donner un avis fondé est M. Yvonneau ; or, il ne connaît qu'une partie des renseignements fournis par le désincarné et jusque-là l'explication par le subconscient de M. Y. se suffit à elle-même. Mais où cette explication devient manifestement insuffisante, c'est lorsqu'on veut l'appliquer à des faits que M. Y. ignorait au moment où cette communication lui fut donnée, et qu'il dut après coup vérifier.

Mettons-y de la bonne volonté et acceptons-là provisoirement.

M. Yvonneau habite 35, avenue du Parc-Montsouris.

Marie Pichot

C'est le nom d'une vieille grand-mère que notre ami M. Bondon (Actuellement : à Varzy (Nièvre).) nous pria d'évoquer ; elle avait conservé un souvenir précis de ses enfants et petits-enfants ; elle donna le nom de neuf d'entre eux : Ernest, Jules, Paul, Léon, Etienne, Jean, Louis, Yvonne, Baptiste ; elle ne se rappela plus le nom de son plus jeune fils Marcel, mais elle sut dire qu'il était pâtissier ; elle dit qu'elle était morte à 80 ans, parla de son chauffe-pieds, de son tricot, d'une vieille armoire, d'une pendule à caisse, d'une broche portée par sa fille ; elle vit que sa petite fille Yvonne souffrait de la gorge et elle lui indiqua un remède de bonne femme : de la racine de guimauve bouillie dans du vin. Enfin, elle rappela un accident arrivé à l'un de ses petits-enfants : Jules, qui se noya dans une mare.

Dans cette communication, tous les renseignements étaient ignorés du médium mais connus de la famille, qui était présente. Nous ne lui donnerons donc pas plus d'importance qu'elle n'en mérite, mais il était nécessaire de la consigner ici, ainsi que la suivante, qui se trouve dans le même cas.

Géo

« Le 21 décembre 1930, nous nous sommes rendus, ma femme et moi, chez M.

Bourniquel qui nous avaient invités à une réunion spirite. Comme beaucoup d'autres, j'étais sceptique et n'avais pas foi dans les manifestations de l'au-delà.

« Au cours de cette réunion, un esprit chercha à se manifester ; il y parvint, mais très difficilement, car à ce moment le médium est pris d'une quinte de toux qui nous surprend tous. Après un moment, il commença à dire :

« Bonjour, maman ; bonjour, papa. C'est moi ».

Nous questionnons : « Qui, toi ?

— Eh bien, moi, Géo ; oui, c'est moi ; mais je ne pouvais pas venir ; enfin me voilà, mais je suis bien content de pouvoir vous causer à tous les deux. Toi, chère maman, tu pleures trop, tu t'abîmes dans la douleur ; tu me fais souffrir ; depuis que je vous ai quittés, tu passes ta vie à pleurer. Toujours dans les larmes ! et cependant, si tu pouvais savoir comme je suis heureux. Il faut te figurer que je suis parti pour un long voyage et que tu me reverras un jour ». Je questionne, parce que je ne crois pas encore :

« De ton vivant, mon Géo, puisque c'est toi, comment m'appelais-tu, ainsi qu'à maman ?

— Cette bêtise ! péro, méro.

Vois-tu quelqu'un à la maison, à ta place ?

— Oui, je vois le cousin... Au... Auguste ; il est soldat... aviation ; il couche dans mon lit, oui je le vois, mais je n'en suis pas jaloux, va, méro.

— Viens-tu souvent à la maison ! Vois-tu la chambre ?

— Oui, je viens très souvent, je suis avec vous autres. Vous avez gardé ce tableau, cette caricature ; par exemple, je ne pensais pas la revoir là ».

Le cousin Auguste auquel il fait allusion fait son service dans l'aviation au Bourget ; il vient nous voir à chaque permission et couche dans le lit qu'occupait notre pauvre enfant, mais mon fils ne l'a pas connu, car il est venu à Paris après la mort de mon fils. Il est certain que dans la réunion, ni le médium ni personne ne connaissaient aucun de ces détails. Quant au tableau, je ne comprenais absolument pas ce que notre fils voulait dire. J'étais ébranlé mais non convaincu. Je lui demande donc :

« Voyons, mon petit, nous ne comprenons pas ; quel est ce tableau qui te fait rire et que nous avons gardé ?

— Ah ! Ah ! mais je veux parler de cette horreur qui est en entrant, derrière la porte ;... mais voyons, tu sais bien, ce tableau au crayon ».

Cette fois, je commence à croire réellement que c'est bien notre cher disparu qui est là, car nous étions, ma femme et moi, bien loin de penser à une caricature que nous avions appliquée à l'entrée de notre appartement, et aucune des personnes qui se trouvaient là n'a jamais mis les pieds chez nous.

Non seulement mon fils a répondu à des choses que je lui demandais, mais il me rappela des faits oubliés depuis près de vingt ans ; ensuite, et ceci est une dernière et définitive preuve.

J'ai un ami de 40 ans qui prend pension chez nous ; il a fait de bonnes études et discutait souvent avec mon fils qui l'appelait : mon professeur ; son nom de famille est Marie.

Je demande à notre fils :

« Vois-tu quelqu'un plus à la maison ?

— Oui, je vois monsieur... monsieur... ah ! je... je... ».

Et le médium passe sa main à revers sous le menton, puis, comme s'il avait de la barbe, la prend dans sa main, mais il ne peut pas trouver le nom. Ce n'est qu'au bout d'une demi-heure, alors qu'il était question d'autre chose, que le médium s'écrie : « Marie, monsieur Marie ».

J'ai indiqué, plus haut le geste du médium lissant sa barbe avec le revers de la main, ainsi que le fait constamment M. Marie.

Dans cette communication, j'ai et nous avons reconnu dans l'esprit qui s'est manifesté l'âme de notre cher fils, emporté par ce mal qui ne pardonne pas ; à peine incarné dans le médium, il a fait entendre cette terrible toux.

Il y a eu des faits dans cette mémorable soirée que ma femme et moi nous nous rappellerons tant que nous aurons un souffle.

Autrefois je prenais en pitié les personnes qui me parlaient de l'au-delà ; je crois aujourd'hui que c'était moi le plus à plaindre.

Louis Mastoumecq employé de banque 8, rue Chénier, Paris ».

L'oncle et le neveu

Terminons cette série par une fort belle manifestation dont le principal intéressé rend compte dans la lettre suivante :

« Dans la soirée du mardi 11 janvier dernier (1921), nous nous trouvions ma femme et moi, ainsi que plusieurs autres personnes, chez M. Bourniquel que nous connaissions depuis un mois à peine.

Très affectée de l'état maladif et grave de notre fils

Lucien Chadefaux, âgé de 34 ans, demeurant rue Lamarck, 45, Mme Chadefaux, née Thomas, ma femme, pria Mme Bourniquel de faire l'incarnation de son frère Eugène Thomas, décédé il y a 30 ans, à l'âge de 26 ans, d'une longue et douloureuse maladie intestinale.

Après le questionnaire habituel d'identité, l'esprit d'Eugène Thomas répondit qu'il ne fallait pas se chagriner, et qu'il soignerait lui-même son neveu.

La séance finie, le médium vit, à l'état de veille : 1° le nom Thomas écrit devant elle, puis 2° le caveau de la famille Thomas au Père Lachaise, ce qui ne me parut guère rassurant.

A la séance du 18 janvier, le médium vit Eugène Thomas recevant l'extrême-onction, telle que la scène avait eu lieu, et manifestant sa joie de mourir et d'être enfin délivré de ses atroces souffrances. Puis aux yeux du médium, apparut sur le sol une forme grise et ronde, s'ouvrant comme un capuchon pour livrer passage à une sorte de père Noël (dit le médium) vêtu de blanc, aux traits d'Eugène Thomas, la tête surmontée d'une boule lumineuse que l'esprit nous déclara émanée de lui-même. Il nous dit que cette forme grise était une espèce de chape fluidique dont il s'était alourdi pour descendre sur la terre.

Ce père Noël avait le costume des bénédictins blancs ; de ses mains ouvertes, dit le médium, se dégageaient des rayons lumineux et fluidiques. Il expliqua qu'il était apparu ainsi pour me donner à moi une nouvelle preuve d'identité.

(En 1916, ayant moi-même quelque médiumnité par la table, j'avais évoqué chez moi mon beau-frère Eugène, et il m'avait fait connaîtra que dans une existence antérieure, il avait été bénédictin à Delhi (Indes). Il m'avait également révélé (1916) que la guerre finirait en novembre 1918, que l'Alsace-Lorraine nous seraient rendues, que nous ne ferions pas le siège de Metz, que la neutralité suisse ne serait pas violée, etc... Je puis établir tout cela).

Une très sérieuse amélioration se produisit dans l'état de Lucien, au point qu'on pouvait le croire guéri ; il se levait, lisait les journaux, paraissait entrer en convalescence, lorsqu'une aggravation inattendue se produisit brusquement et il mourut le 20 février. Lorsqu'on demanda des explications à Eugène, il répondit que malgré tout ce qu'il avait pu faire, il lui avait été impossible de sauver son neveu, une rupture s'étant produite inopinément dans le cerveau contre laquelle il n'avait pu rien faire ».

Louis Chadefaux 29, rue du Mont-Cenis (Actuellement ; 34, Avenue de Chatillon, 14e Arrondissement.).

Albertine assista aux obsèques, à St Pierre de Montmartre. Pendant la messe, durant toute la cérémonie, elle vit à genoux, en prières, au-devant du catafalque, Eugène en bénédictin et Lucien, corps fluidique sombre, vaporeux, visage pâle. Toutes les fois que le prêtre passait devant eux pour bénir le corps, il cachait cette vision.

M. Chadefaux eut lui-même quelques communications de son fils par la table, et il en eût aussi avec Mme Roy par le oui-ja.

Le 15 mars, en incarnation, après une courte visite de Eugène, Albertine fît avec une grande fidélité l'agonie de Lucien, reproduisit dans ses moindres détails la paralysie droite qui l'avait emporté, et comme sa mère lui parlait du spiritisme, il lui fit exactement la même réponse qu'il lui avait faite de son vivant lorsqu'elle abordait cette question : « maman, nous en causerons plus tard ».

Il parut se préoccuper tout particulièrement des affaires qu'il avait laissées en suspens, de ses enfants dont l'avenir l'inquiétait, de sa femme qui ne croyait pas à tout ça.

« Je ne me suis pas senti mourir, ajoutât-il ; j'ai reconnu que j'étais mort en suivant mon convoi de la maison mortuaire à l'église. Je vais chez moi ; je suis sur la terre, mais je ne vois pas bien. Je ne puis pas bien m'exprimer ; je suis lourd. Je suis bien heureux de ne plus souffrir. »

Ces dernières paroles : « Je ne vois pas bien...je ne puis pas bien m'exprimer... » s'expliquent par ce fait que Lucien Chadefaux était mort tout récemment (trois semaines auparavant) ; il est très rare qu'un esprit se reconnaisse aussi rapidement. D'ordinaire, les désincarnés restent dans le trouble un laps de temps beaucoup plus long, qui varie de un mois à plusieurs années. Si Lucien s'est reconnu plus tôt, cela est dû fort probablement à l'intervention de son oncle Eugène Thomas qui, très évolué, s'était donné cette tâche.

Pour terminer ce chapitre, joignons-y une manifestation qui, quoique ne provenant pas d'un esprit de famille, peut être considérée néanmoins comme attribuable à la subconscience, pour les raisons que nous donnerons ensuite.

Juliette Barthou
5 juin 1921, à la villa Montmorency. — Albertine geint, étouffe, tousse fortement et sans arrêt : son apparence est celle d'un malade rongé de tuberculose. L'agonie terminée, elle répond assez clairement aux questions qu'on lui pose.

« J'avais un mauvais rhume, dit-elle ; je ne suis pas restée longtemps alitée. J'étouffe. On a fermé la chambre. Il faut ouvrir. Je manque d'air ».

On lui fait comprendre qu'elle est morte ; elle parle alors de sa mère qui était probablement, somnambule et se levait la nuit pour aller se promener, chantait des airs étranges. Elle-même avait une sœur, Germaine, morte à 7 ans.

« Où habitiez-vous ? lui demande-t-on.

« — Moi, j'étais mariée. Pourquoi me suis-je mariée, avec un homme qui n'avait pas les mêmes idées que moi ?... Je m'appelle Juliette Barthou, de mon nom de fille ; je ne me rappelle pas le nom de mon mari. Je suis morte en novembre 1912, à Toulouse. J'étais chemisière. Quand j'étais jeune fille, nous habitions la propriété de M. Courtois, à la côte de Purpan. ; on nous y avait laissé un peu de place.

— Quel est le médecin qui vous soignait ?

— J'en ai vu plusieurs, entre autres Dargein. Je n'avais pas d'enfants. J'ai été mariée deux ans ».

Juliette Barthou donne encore quelques autres renseignements concernant son ménage, après quoi le médium, réveillé, à la vision d'une jeune femme blonde, joues rosées, yeux bleus ; elle donne un signalement complet, voit auprès de l'esprit une fillette du nom de Germaine et le frère de cette dernière, un militaire mort à la guerre. Dans la vision, Juliette paraît extrêmement étonnée de le voir ; c'est son frère aussi et il était marié.

Nous savons pertinemment qu'Albertine n'a pas connu Juliette Barlhou, ni ses parents. Néanmoins elle connaissait la côte de Purpan et la propriété, ainsi que le docteur Dargein, quoiqu'elle ne lui ait jamais parlé. Ces raisons sont suffisantes ; rien ne nous autorise à croire qu'elle n'aurait pu entendre raconter des choses se rapportant à cette famille, bien que ce soit extrêmement improbable, et nous rattachons cette communication à celles que l'on peut expliquer par une action subconsciente.

Il importe, néanmoins, de bien préciser. Si la plupart des cas que nous venons de citer peuvent être expliqués par l'hypothèse cryptomésique, c'est-à-dire par la personnification que la conscience somnambulique du médium reconstituerait au moyen de souvenirs empruntés à la mémoire des consultants ; si, dans d'autres cas, l'hypothèse de souvenirs personnels au médium lui suffisent pour opérer cette reconstitution, il n'en est pas moins vrai que ces deux explications ne nous donnent pas une entière satisfaction.

Car enfin pourquoi, dans le cas Marie Pichot, par exemple, si cette clairvoyance est aussi développée qu'on le prétend, ne donne-t-elle pas le nom de Marcel qui était aussi présent que tous les autres dans la mémoire des parents ? Pourquoi, au lieu de Juliette Escudier demandée par son père, est-ce la petite Yvonne à laquelle il ne pensait pas qui s'est présentée ? Pourquoi Benoît a-t-il fourni des renseignements inconnus du consultant M. Yvonneau, que celui-ci a dû vérifier après coup ? Pourquoi Geo ne peut-il donner à son père le nom auquel celui-ci pense fortement, et pourquoi le lui donne-t-il une demi-heure après, au milieu d'une conversation où il est question de tout autre chose ?

Comme on le voit, la question est très complexe et ne manquera pas de donner beaucoup de peine aux savants le jour où ils se décideront à l'étudier sans parti-pris. La conclusion à laquelle ils se trouveront amenés leur causera des surprises.

CHAPITRE XI

Manifestations où le subconscient est possible et ne peut être valablement écarté

Nec omnis moriar
(Je ne mourrai pas tout entier)

Horace

Poussons notre étude plus loin. Voici deux autres cas pour lesquels l'explication par une action mentale quelconque devient de plus en plus précaire et insuffisante. On ne peut cependant pas écarter complètement l'hypothèse de subconscience à laquelle il n'est pas impossible, qu'ils soient encore rattachés. Mais le fil qui les relie s'amincit de plus en plus.

L'obsédée

Mme Formosa (Tous les noms sont changés.) était une fort jolie femme appartenant au monde de la bourgeoisie aisée. Grande, bien proportionnée, élégante, abondamment parée de bijoux, toujours copieusement parfumée, elle faisait sensation partout où elle allait. D'allures distinguées, naturellement aimable, personne ne se doutait du drame intime qui empoisonnait son existence. Alors que tout le monde la croyait heureuse, elle était sans cesse dévorée par un tourment qui était devenu pour elle comme un horrible cauchemar.

Mariée une première fois à un ingénieur, qui en était extrêmement épris et jaloux, et qui se montra souvent brutal, elle devint veuve avec la charge de deux enfants, un garçon et une fille. Elle se remaria avec un homme dont le caractère contrastait singulièrement avec celui de son premier mari. Doux, affable, prévenant, il faisait l'impossible pour assurer à sa femme une existence heureuse, mais, malgré ses efforts, il ne put jamais lui faire perdre l'attitude distante, froide, presque hostile, qu'elle avait adoptée depuis son mariage.

Il avait consenti à se séparer de sa propre fille, née d'un premier lit, et par contre, il avait recueilli et gardé chez lui la fille de sa femme (le garçon étant mort dans les dernières années) ; mais ces prévenances, ce souci constant de complaire à la dédaigneuse épouse ne modifièrent en rien l'attitude de cette dernière qui, même dans l'intimité, tout en se consacrant ponctuellement à ses devoirs, ne se départit jamais de la froideur la plus marquée. Cela dura 16 ans.

La mort de son fils avait encore accentué cette hostilité ; elle détermina, en outre, Mme Formosa, à rechercher la fréquentation des groupes spirites où, dans le désarroi de son âme, elle espérait trouver quelque consolation.

C'est à ce moment qu'elle fut reçue dans le salon de Mme Darget ; elle en suivit avec assiduité les intéressantes réunions jusqu'au mois d'avril 1920.

A la première séance du mois de mai, Albertine qui y assistait, fut prise par une entité incohérente qui donna l'impression de la folie ; elle faisait le geste de mettre sur sa tête un chapeau, puis de le jeter à terre ; après celui-là, un autre, et un autre encore. Elle avait un rire sinistre, grinçait des dents, se roulait à terre, repoussant les personnes qui cherchaient à la retenir. L'agonie qui suivit fut terrible.

Une des assistantes, Mme Ducoureau, crut comprendre de qui il s'agissait. Prenant la main du médium, elle demanda :

« Me reconnaissez-vous ? » Un rire de démente fut la seule réponse. « Je suis Mme Ducoureau ». Rien ; l'esprit balbutiait des mots sans suite : Chapeaux... magasins,.. voitures.....

Albertine se réveilla sans avoir donné d'autre indication ; elle sentit aussitôt un parfum pénétrant. Se tournant alors vers Mme Darget, elle lui dit : «Ce qu'elle s'est parfumée, aujourd'hui, Mme Formosa ! mais, pourquoi donc reste-t-elle debout ; donnez-lui une chaise ».

Personne ne comprenait ; on se demandait pourquoi Albertine parlait de Mme Formosa, qui n'était pas là.

Voyant qu'on ne se dérangeait pas, Albertine recula son fauteuil pour faire place à la dame ; on lui demanda alors :

« Qui voyez-vous donc ?

— Mais Mme Formosa ; vous la voyez bien, elle est là à côté de moi ».

A ce moment, A eut la vision d'une fenêtre qui s'ouvrait et de Mme Formosa qui se précipitait dans le vide.

« Ah ! s'écriait-elle, elle s'est tuée.

— Mais qui ? mais qui est-ce ? » demanda-t-on de tous côtés.

On ne pouvait croire qu'il s'agissait de Mme Formosa, qui avait assisté à presque toutes les dernières réunions.

La séance momentanément suspendue, Mme Ducoureau, qui était seule au courant, confirma alors l'exactitude de cette dramatique vision.

Elle raconta que Mme Formosa donnait, depuis la mort de son fils, des marques accentuées de déséquilibre mental ; elle se livrait parfois à des excentricités, et certain jour qu'elle s'était rendue dans un magasin de nouveautés pour faire des emplettes, elle devint subitement folle en essayant des chapeaux. Elle gesticulait, les jetait les uns après les autres, faisait du scandale. Sa fille, qui l'accompagnait, avait envoyé prendre un taxi pour la reconduire à la maison ; une scène violente et très pénible s'en était suivie ; la malade avait résisté, s'était débattue, avait mordu à tort et à travers. Chez elle, elle avait été gardée à vue ; mais quelques jours après, profitant d'une distraction, elle avait ouvert la fenêtre située au 5e étage et s'était précipitée dans le vide. Elle avait été tuée sur le coup.

On juge de l'émotion que ce récit produisit dans le groupe Darget, où non seulement le médium, mais aussi toutes les autres personnes à l'exception de Mme Ducoureau ignoraient la catastrophe.

Quinze jours après, nouvelle séance à laquelle assistait M. Formosa qui avait été prévenu de ce qui s'était produit.

173

Le même esprit s'incorpore et dit :

« Aujourd'hui, je me sens mieux ; j'ai fait un grand malheur ; je me suis tuée. »

Se levant alors, Albertine va trouver M, F. et lui dit en sanglotant :

« Pardonnez-moi. J'ai fait un grand malheur, mais je ne suis pas coupable ; j'étais si malheureuse de la mort de mon fils !

— Qui êtes-vous ? Quel est votre nom ?

— Anne. »

Elle donne quelques détails et ajoute :

« Vous avez été bon pour moi et pour mes enfants, mais moi, je n'ai pas été bonne pour votre fille. »

A ce moment, Albertine voit un autre esprit ; c'est celui de la première femme de M. Formosa. Elle se met à genoux devant elle :

« Lisette, pardonnez-moi d'avoir obligé votre mari à se séparer de sa fille, tandis qu'il gardait la mienne ».

M. Formosa demande :

« Tu la vois ?

— Oui ; elle me pardonne.

— Combien avais-tu d'enfants ?

— Un garçon : Jean ; une fille : Georgette. Ta fille à toi s'appelait Suzanne. Il faut me pardonner.

— Oui. Je savais que tu n'étais pas coupable.

— Je ne t'ai jamais aimé ; il y avait quelqu'un entre nous.

- Qui était-ce ? dis-le, ça te fera du bien ;
Lisette te pardonne et moi aussi. »

M. Formosa insistait ; madame Darget, qui
se méprenait sur la nature de ces révélations,
mit fin à l'interrogatoire. Disons tout de suite
que cette méprise se légitimait par le tour
qu'avait pris la conversation.

A son réveil, Albertine vit la première
femme de M. F., dit qu'elle était morte de la
poitrine au bout de deux années de mariage
en laissant une petite fille, Suzanne. Ensuite
elle vit Anne à genoux ;

« Elle vous demande pardon à vous et à votre
première femme. Il y a un mystère. Cette
femme ne vous a jamais appartenu que
matériellement, mais elle n'a jamais été à
vous par les sentiments ; il y a quelque
chose ..

— Oui, insistez.… »

On décida de remettre l'éclaircissement de ce
mystère à une autre séance, chez le médium.

Au cours de cette séance à laquelle
assistaient seulement trois personnes : M.
Formosa, le médium et M. Bourniquel, Anne
se représenta, réclamant encore son pardon.

M. F : « Puisque nous sommes seuls, dis-moi
maintenant le nom de celui qui t'obsédait ? tu
t'en trouveras bien ; cela te soulagera.

— C'est mon premier mari, Albert ; tu sais
combien il était jaloux, lorsqu'il vivait ;
désincarné, il était resté tel, et c'est lui qui a

vécu toute la vie entre nous deux ; c'est lui qui m'a empêché de t'aimer; il vivait en moi. Je te trouvais bon, mais je ne pouvais pas t'aimer comme un mari ; je te plaignais ; tu étais l'homme qui me donnait le bien-être.

— Je me suis toujours douté qu'il y avait quelqu'un qui t'obsédait : mais n'y en avait-il pas un autre ?...

— Encore, tu m'obliges...

— Oui, dis-le.

— Mon père. Oui, je t'ai caché, pendant 18 ans de mariage, que mon père était mort suicidé.

— Te souviens-tu comment il est mort ? ce qu'il faisait ?

— Il était pasteur ; il s'est noyé dans un bassin où il y avait très peu d'eau. Eh bien, maintenant que j'ai fait ma confession, je suis dégagée. »

M. Formosa nous confirma l'exactitude de tous ces renseignements verbalement, et ensuite par lettre datée du 2 juin. Dans les communications qu'elle avait données, sa femme avait attribué ses tourments et le suicide qui en avait été la conséquence, à son premier mari, mort vingt ans auparavant ; elle redoutait la même obsession et la même fin affreuse pour sa fille, seule survivante de toute la famille de son premier mariage. Elle avait imploré avec insistance notre intervention pour la protection de son enfant ;

elle avait également insisté pour que l'on éclairât cet obsesseur, Léo, en lui montrant le mal qu'il faisait.

Ce Léo de son vivant, était un homme violent et froid, très autoritaire, atrocement jaloux. D'après les déclarations d'Anne, il n'était pas le seul à l'obséder ; son propre père, qui avait eu la réputation d'un homme sage, pondéré, exemplaire, avait mis fin à sa vie par un suicide. Le genre de mort qu'il avait choisi dénote une force de caractère, une énergie surhumaine ; il s'était agenouillé dans un bassin contenant une couche d'eau d'environ 40 centimètres ; il y avait plongé sa tête et l'y avait maintenue avec ses mains jusqu'à l'asphyxie.

Ce fut une stupeur pour toute la famille, qui ne connut jamais les mobiles de cette fin désespérée. On répandit le bruit d'un accident.

Lorsque sa fille, devenue veuve, se remaria avec M. Formosa, on cacha soigneusement à ce dernier ce secret de famille, et pendant les dix-huit ans que dura le mariage, il resta dans l'ignorance absolue de ce douloureux événement. Il devait l'apprendre à l'occasion d'un autre suicide, celui de sa femme ; c'est, en effet, sur le lit de mort de celle-ci qu'un des parents ne put retenir cet aveu : « Elle est morte comme son pauvre père ! »Il fallut alors se décider à fournir des explications au mari dont cette exclamation avait éveillé les soupçons.

On voit donc l'extrême précision des révélations faites par l'esprit de Anne, incarnée dans Albertine ; celle-ci ignorait, bien entendu, le premier mot de tout cela ; le résumé que nous avons donné ici ne contient qu'une faible partie des renseignements qu'elle fournit ; nous n'avons fait que les effleurer pour des raisons que tout le monde comprendra.

A quelque temps de là, dans une nouvelle séance, nous fîmes appeler Léo, le premier mari. Albertine reproduisit son agonie de la façon la plus fidèle, au dire de M. Formosa ; elle en donna un signalement exact : un très bel homme, portant toute la barbe, mort à 35 ans.

Cet esprit déclara, que depuis sa mort, il n'avait jamais quitté sa femme ; il l'avait toujours suivie dans la vie ; il s'était toujours interposé entre elle et son second mari, lui inspirant de l'animosité contre ce dernier.

« J'étais brutal avec elle, dit-il en faisant allusion à certaines scènes de l'époque où il vivait ; quelquefois, au moment de partir pour aller dîner en ville, ou en soirée, ou au théâtre, je lui donnais l'ordre de se déshabiller et je décidais que nous ne sortirions pas. J'étais jaloux. Une fois mort, je n'ai pas voulu qu'un autre la possédât. La jalousie m'a poussé à entraîner ma femme au suicide pour la réunir à moi ».

Nous eûmes la plus grande peine à faire comprendre à ce malheureux le tort qu'il faisait et qui ne manquerait pas de retomber sur lui-même. Tous nos raisonnements, toute notre éloquence, toute notre morale ne parurent guère le toucher tout d'abord. Enfin, à force d'insistance, il finit par se laisser convaincre. Il exprima alors le regret de ce qui était arrivé par sa faute et nous remercia de la peine que nous nous étions donnés pour l'amener à de meilleurs sentiments. Il termina en disant qu'il était très malheureux, parce que, ayant poussé sa femme au suicide dans l'espoir de la retrouver dans l'au-delà, il constatait maintenant que leur réunion était devenue impossible et qu'il en était séparé à tout jamais.

Remarques. - Il faut noter tout d'abord l'objectivation de la vision d'Albertine, à la fin de la transe, dans la première séance. L'apparition était si bien matérialisée pour elle qu'Albertine la confondit avec les autres membres du groupe ; elle sentait le parfum de Mme Formosa, elle reconnaissait ses traits, elle voyait la vie luire dans ses yeux, elle admirait sa belle stature, sa toilette de bon goût, ses bijoux ; comment n'eût-elle pas été trompée par toutes ces apparences ? Comment ne se serait-elle pas étonnée, en en faisant la remarque à haute voix, qu'on laissât là, sans la faire asseoir, cette amie de la maison venue, comme d'habitude, assister à la séance ? Les exemples d'une vision aussi nette ne sont pas exceptionnels et on peut en lire le récit, soit dans les inépuisables Proocedings, soit dans le tome II des « Apparitions matérialisées » par Gabriel Delanne ; « le Traité de Métapsychique » du professeur Richet, en rapporte également un grand nombre. Mais ce qui donne de la valeur à ce phénomène, c'est l'étonnement qu'il a produit dans le groupe où, sauf une personne, tout le monde ignorait la mort de Mme F.

Et ceci exclut toute idée de télépathie ; en effet, lorsque le médium, incarnant l'esprit, donna des signes de démence, la seule personne qui était au courant, Mme Ducoureau, crut qu'il s'agissait de Mme F, mais elle n'en eût la certitude qu'à la fin de la transe, lorsque Albertine dit : « Ce qu'elle s'est parfumée, Mme Formosa ! » Mais jusqu'à ce moment-là, l'incertitude même de Mme Ducoureau nous montre bien qu'il n'y avait pas de correspondance établie entre son cerveau et celui du médium.

Examinons maintenant la question de l'obsession en nous rappelant que Mme F. s'est plaint d'avoir été obsédée par son premier mari et aussi par son propre père.

Dans l'antiquité et naguère encore chez les peuplades sauvages, on attribuait toutes les maladies physiques ou mentales à l'influence des mauvais esprits. La science moderne a indiqué nettement les causes des affections physiques qui supprime toute intervention de l'au-delà. Mais la réaction scientifique est peut-être allée trop loin. Des personnes de valeur intellectuelle et de bonne foi ont souvent cité des cas de malades ou soi-disant tels, enfermés dans des asiles, reconnus aliénés et incurables, et qui néanmoins ont pu sortir au bout de quelques jours, à la suite d'une intervention médiumnique qui était parvenue à écarter les esprits obsesseurs.

Il peut donc exister de véritable obsessions provoquées par des êtres désincarnés peu évolués qui, sous l'influence des passions ou d'intérêts divers, hantent des vivants, leur inspirent des sentiments ou leur font exécuter des actes contraires à la véritable nature de l'obsédé.

Il y a là tout un problème qui mériterait d'attirer l'attention des aliénistes ; d'ailleurs, un magnétiseur, M. Magnin, a publié deux observations dans lesquelles, en traitant le malade comme si réellement il avait eu affaire à un être de l'au-delà, il a réussi à guérir deux personnes ; cela montre l'efficacité de ce mode de traitement et l'utilité incontestable d'une médiumthérapie qui s'inspirerait des données du spiritisme.

En tout cas, qu'il y ait eu dans cette manifestation, une véritable obsession ou non, car on pourrait, à la rigueur, attribuer à une diathèse héréditaire le suicide de Mme Formosa, il n'en reste pas moins que l'individualité du premier mari a été établie avec un luxe de preuves, une abondance de détails et une caractéristique psychologique si nette que, véritablement, l'hypothèse spirite prend ici une valeur explicative qui surpasse de beaucoup toute supposition cryptesthésique.

Le médium a révélé des faits précis, soigneusement tenus secrets par la famille et quelle n'a pu apprendre d'aucune personne vivante ; de plus, aucun journal n'ayant mentionné le suicide, elle n'en a pas eu connaissance par la voie de la presse.

Faisons remarquer encore que nous avons dû changer les noms des personnes mises en cause, par des raisons que l'on comprendra ; exceptionnellement, nous ne pourrons pas communiquer leur identité réelle à ceux qui voudraient faire une enquête, et auxquels nous demandons, pour une fois, de vouloir bien faire crédit à notre impartialité et à notre bonne foi.

Disons enfin que les esprits eux-mêmes sont parfois gênés de l'insistance qu'on met à leur faire dévoiler en public des secrets de famille ; il faut avoir, envers eux, autant de ménagements et de tact que pour des personnes vivantes.

Le buraliste incendiaire
Voici maintenant la deuxième manifestation que nous classons dans la même catégorie. Elle est extrêmement intéressante par la nature particulière et précise de certains renseignements fournis par l'esprit.
Le 2 janvier 1921, villa Montmorency. — Le médium reproduit l'agonie d'une personne qui, vraisemblement, est morte paralysée ; tout le côté droit de la figure est contracture, la bouche déviée vers le menton, la joue flasque, tandis que le côté gauche est resté normal.
Dès qu'elle est en état de répondre, nous commençons à l'interroger et nous obtenons d'abord les renseignements ci-après :
« Je suis chez moi, à Ste C. (Aude). Je ne fais rien. Je m'occupe de la maison. Je suis une femme. Je suis vieille. Je m'appelle Marguerite B... (On verra plus loin pourquoi nous ne donnons pas les noms propres en entier.) J'ai passé 70 ans.
— Pourquoi tremblez-vous ainsi ?
— C'est depuis que j'ai eu l'attaque, vers la soixantaine ; elle m'avait laissé comme ça. Je suis morte en 1876, je crois me le rappeler ;

183

mon mari s'appelle B... (Jean) Nous avions trois enfants, deux filles et un garçon : Marie-Anne, Joseph, Amélie. Mon fils est parti. Je ne sais pas ce que sont devenues mes filles.

— Vous rappelez-vous quelques événements importants qui se sont produits avant votre mort ?

— En 1870, la guerre ; en 1875, les inondations.

— Que faisiez-vous de vos récoltes ?

— Je les vendais au marché de Mirepoix, qui est à 3 heures de voiture.

— Etes-vous née à Sainte-C,.. ? En quelle année ?

— Je ne me souviens plus ; mon mari a fait la campagne de Crimée ; il était plus vieux que moi. Il était toujours malade depuis sa campagne ; moi je n'ai pas été longtemps malade.

— Vous êtes-vous intéressée à ce qui se passe chez vous ? Qu'est devenu votre argent ?

— Tout ça est revenu à mon fils qui a laissé son bien en rente viagère à une famille du pays ; ma fille a eu une part, je ne sais pas ce qu'elle en a fait.

— Vous parlez toujours d'une fille ; et l'autre ?

— Autrefois elles étaient ensemble avec leur frère ; après, il n'y en a qu'une qui est restée avec lui.

— Où ça ?

— Il faut passer l'eau ».

Après cette incarnation, un de nos esprits familiers, Yvonne, vint nous faire une petite visite pour nous avertir que l'esprit précédent se trompait sur les dates et qu'il aurait besoin de revenir dans sa maison pour pouvoir nous apporter des précisions. On profita de cette intervention pour poser à Yvonne des questions sur les conditions de la vie astrale que le livre d'Oliver Lodge, « Raymond », récemment traduit en français, mettait, à l'ordre du jour.

M. Delanne. — « Les esprits vivent-ils de la vie matérielle ?

R. — Oui. Ils s'occupent dans les maisons comme lorsqu'ils étaient vivants, sans se préoccuper des personnes qui s'y trouvent ; ils sont chez eux, ils y règnent.

M. Delanne. — Faut-il entendre les maisons qu'ils ont occupées ou bien des maisons qui se trouvent dans l'espace ?

R. — Dans l'espace il n'y a pas de maisons, mais ils revivent dans les vôtres, ils y circulent comme vous. Si l'esprit a des idées matérielles, il éprouve du bien-être et croit vivre.

M. Delanne. — Existe-t-il des créations fluidiques de la pensée dans l'au-delà ?

R. — Oui. Pour leur usage, pour leurs besoins, ils créent des meubles, des ustensiles de ménage ; c'est une reproduction idéale. Le laboureur vient dans vos champs et travaille.

Mais lorsque l'esprit se reconnaît, il s'aperçoit que cela n'existe pas et que c'est une création fluidique. »

Après qu'Yvonne eût donné cette brève leçon d'idéoplastie psychique, Albertine eut la vision correspondant ,à l'incarnation qu'elle avait fait :

« Je vois, dit-elle, une petite vieille avec un bonnet tuyauté et un châle ; elle a un tic dans la mâchoire droite et elle dit s'appeler Marguerite B... je vois une maison dans un petit village, surmontée d'un toit qui avance ; au premier étage, une grande chambre et de l'autre côté une grange dans laquelle on fait sécher des haricots en gerbe. Il y a aussi des pommes de terre, mais il n'y a pas de basse-cour ni d'animaux. Je vois écrit à l'envers Sainte-C... (Aude) ; on donne les noms Marie-Anne, Joseph, Amélie, Crimée. Et puis, de la boue dans une cave pleine d'eau vaseuse ; c'est l'inondation.

M. Delanne. — Voyez-vous la date de l'inondation ?

R.—1875. En juin, entre le mardi et le mercredi. »

Séance du 6 février. — Marguerite B... revient et déclare qu'elle a été chez elle à Sainte-C... D.

« Qu'avez-vous vu chez vous ?

R. — J'ai fait le tour partout dans la maison et dans l'autre maison.

— Quelle autre maison ?

- De la maison où je suis morte ; je ne suis pas morte à Sainte-C..., mais à côté, au P... en novembre 1881 ; j'avais 77 ans. Une de mes filles est morte ; elle était restée avec moi. L'autre était partie à Alger avec son frère ; mon mari est mort avant moi, je suis restée seule. Ma fille s'était mariée ; mon gendre était épicier au P... Je ne sais plus son nom. J'ai de la difficulté pour parler ; je ne parlais pas français, mais patois ». Elle échange quelques mots en patois du Midi avec M. Bourniquel. Celui-ci, sur une question de M. Régnault, précise que le médium comprend le patois, mais qu'il le parle très mal.

Séance du 6 mars. — C'est le mari de Marguerite qui se présente le premier ; il fait son agonie, puis se plaint du manque d'air ; il étouffe comme si on lui avait mis un édredon dessus. Il donne son nom : Jean-Baptiste B...

mort le 17 mai 1881, âgé de 72 ans, d'une attaque. Né à Sainte-C,.. mort au P...

D. — Que sont devenus vos enfants ?

R. — Joseph et Amélie sont loin ; Marie-Anne est morte.

— Après vous, ou avant ?

— Je ne puis pas vous le dire. Vous savez, ce n'est pas si facile de revenir.

— Pourquoi n'êtes-vous pas revenu chez vous ?

— Je ne le comprends pas. 40 ans que je suis mort ! Ça me semble étrange. Il y a 40 ans que je marche, comme si j'étais perdu dans une ville. Je ne me rendais pas compte, il me semblait que je rêvais ; je voyais que les autres hommes n'étaient pas tous comme moi.

— Aviez-vous la sensation de boire, de manger ?

— Oui, je sentais la faim, la soif, la fatigue ; je goûtais avec les autres, dans des maisons ; quand le désir se faisait sentir, je m'y trouvais.

— Voua alliez manger chez les paysans, alors ?

— Oui, mais ils ne s'en apercevaient pas.

— Heuseusement, car sans cela, ils vous auraient reçu à coups de fourche.

—Non, pas dans mon pays, on n'est pas si sauvage. Parfois je me trompais, je n'étais pas chez moi ; il y avait des gens qui ne parlaient pas comme moi. Ils n'avaient pas mes idées. Je ne restais pas dans ces maisons ; quand on ne trouve pas de gens qui vous comprennent, on s'en va ailleurs ; il faut qu'il y ait de l'harmonie.

— Dans quel état étiez-vous quand vous avez revu votre femme ?

— C'est elle qui m'a cherché ; je croyais qu'on n'était pas morts. »

Sa femme vient ensuite le remplacer ; elle commence d'abord par une rectification :

« J'ai donné 1881 comme date de ma mort, c'est celle de mon mari ; moi je suis morte en 1888 : Marguerite R..., femme B..., morte à 73 ans, le 19 août 1888 ; mon mari est mort le 17 mai 1881 ; nous sommes allés tous les deux là-bas nous rendre compte.

— Que faites-vous, maintenant ?

— Je vais à l'église, aux champs, je regarde ce qui se fait dans le ménage et je ne vois personne qui me connaisse. Je suis allée chez moi, j'ai cru qu'on s'occupait de moi, mais non ; je croyais parler, mais je ne parlais plus comme les autres. »

M. Delanne fait remarquer que le cas de Marguerite qui retourne constamment chez elle peut s'appliquer aux phénomènes de hantise ; lorsque ces esprits trouvent un sujet qui leur fournit les formes d'énergie nécessaires, ils peuvent provoquer des phénomènes physiques.

D. — Celui qui habite maintenant votre maison, est-il seul ?

R. — Non, avec sa femme. C'est Joseph, mon fils, qui a eu la maison ; il l'a donnée en location. Il avait lui-même une épicerie dans cette maison, cette épicerie est fermée ; il l'a tenue pendant quelque temps ; alors il y a eu une explosion, le feu dans l'épicerie.

— Vous avez vu ça de là-haut ?

— Oui, j'y suis allée. A ce moment-là, il y avait épicerie et bureau de tabac ; Joseph avait fait la guerre de 1870 ; il avait été blessé et comme pension, on lui avait donné le bureau de tabac. Tout ça a été transféré ; l'épicerie ne marche plus et le bureau de tabac a été transféré ailleurs.

— Et votre fille ?

— Ah ! nous n'étions pas amies ; elle était jalouse, parce qu'elle se figurait que Joseph était plus avantagé. Joseph était infirme, ses jambes ne valaient rien ; il souffrait de la tête. Il y avait des moments où il était violent : on le croyait fou. Il avait été blessé à la tête.

— Vous vous rendez compte que maintenant, vous n'êtes plus au P...

— Maintenant, oui ; l'autre fois aussi ; mais pas la première fois. Je n'étais pas malheureuse, mais lorsque je parlais et que personne ne m'entendait, c'était dur pour moi. Eh bien, tant pis, je vais vous dire : Amélie est partie, elle a quitté son homme ; j'étais morte, et je l'ai su.

— Comment l'avez-vous appris ?

— J'allais voir ce qui se passait un peu chez tout le monde ; elle est partie avec un homme plus jeune qu'elle ; c'est honteux ! elle avait aussi une épicerie, elle est partie avec le commis. Pour nous autres, quand on voit tout ce qui se passe, il vaudrait mieux s'en aller plus loin ; moi, ça me plaisait de voir ce qui se passait ; j'aimais bien me mêler de ce qui ne me regardait pas ; ça été pareil quand j'ai été morte.

— Eh bien, c'est entendu ; nous allons faire des recherches pour vérifier ce que vous avez dit.

— Il ne faudrait pas être trop curieux ; on a fait courir le bruit que Joseph avait mis le feu et il faut être prudent dans vos recherches... Il avait arrosé avec du pétrole et il a dit que la bouteille s'était fendue. Tout le monde a trouvé ça louche. Il a voulu sortir des choses, il s'est brûlé la figure et les mains. Il était assuré.

— Avez-vous eu peur d'être brûlée ?

— C'est que je n'y suis pas restée ; quand il a crié : au feu, j'ai eu peur et je me suis sauvée ».

En vision, Albertine répéta les dates rectifiées, les noms ; elle vit des paquets de tabac, du papier à cigarettes, et un contrat (sans doute un contrat d'assurances).

Mais, auparavant, l'esprit d'Eugène Thomas étant venu pour dégager le médium, on en profita pour le questionner sur les contradictions qu'on relève si souvent dans les déclarations faites par les esprits.

« Cela provient, répondit-il, de leur degré d'évolution. Tous ne peuvent pas traiter les mêmes questions : il en est ainsi des hommes, sur la terre ; chacun a son point de vue ; tous peuvent à tort se croire dans le vrai. Souvent les noms leur échappent, et cela ne prouve pas que l'esprit ne les sait pas. Demandez des preuves, contrôlez ; il y a des esprits trompeurs, comme dans les meilleures réunions ; et si tout le monde avant la réunion y mettait toute son âme, non pas par une formule rituelle, mais par un élan sincère du cœur, les résultats seraient excellents.

— Comment se fait-il que certains esprits ayant appartenu à l'élite intellectuelle de ce monde, ne donnent des communications que dans un style épistolaire des plus modestes ?

— Cela provient du cerveau du médium ; un grand artiste obtiendra de brillants résultats avec un bon instrument ; il en de même du cerveau du médium. C'est cela qui fait que certaines communications sont déformées.

— Prenons, par exemple, Jaurès, qui a été une des plus merveilleuses intelligences de notre époque. Pourrait-on avoir avec lui une conversation en rapport avec les connaissances qu'il avait sur terre ?

— Je le répète, ça dépend du médium ; le cerveau du médium doit être à la hauteur de celui de Jaurès, sinon sa communication sera défigurée ».

Enquête. — La mairie du P... a bien voulu fournir la fiche ci-après à M. Roy, chargé de l'information :

« Sur les registres des décès de la commune du P.,. j'ai constaté :

1° Qu'en l'année 1881 et le 17 mai est mort Jean-Baptiste B..., à l'âge de 72 ans (n° 6 de l'acte).

2° En l'année 1888 et le 19 août est décédée Marguerite R..,, veuve B..., à l'âge de 73 ans. (n° 3 de l'acte).

Du côté de l'état-civil, les noms et les dates données par Marguerite dans la dernière séance, étaient entièrement vérifiés. Il s'agissait maintenant de trouver des renseignements sur les événements lointains révélés par le même esprit. C'était chose difficile et délicate, tant à raison de l'ancienneté des faits que de la discrétion à laquelle nous étions tenus.

Nous pûmes, cependant, obtenir satisfaction d'une vieille paysanne ayant toujours habité le pays, qui nous écrivit la lettre suivante ; nous la reproduisons sans corrections :

« Le P... le 13 mars 1921

Monsieur,

En réponse de votre honorée du 8 mars je viens vous dire ceci Marguerite B... a vécu au P..., ainsi que son mari et ses enfants B. Jean-Baptiste est mort en 1881 et sa femme en 1888, le fils avait fait la guerre de 1870 où il fut blessé il a tenu à l'époque une épicerie et bureau de tabac, il a quitté le P... il y a environ 25 ou 27 ans avec une de ses sœurs pour aller habiter la Tunisie ; avant son départ, il y eu feu dans son épicerie, tabac ; tous ces souvenirs sont si loin car la maison tombe en ruine faute de réparations ; sur le compte de Marguerite B... j'ai toujours entendu dire qu'elle n'était pas bonne.

Je suis à votre disposition si ces renseignements ne vous sont pas suffisants.

Agréez Monsieur mes salutations ».

(Signature)

Remarques. — Dans sa première visite, Marguerite commet des erreurs et paraît ne pas y voir bien clair ; elle se trompe sur la date de sa mort qu'elle place en 1876 et elle ne se rappelle même plus celle de sa naissance. Cela n'a rien d'extraordinaire. Il y a sur terre quantité de vieillards qui ont perdu le compte de leur existence et qui ne sauraient dire en quelle année ils sont venus au monde. Il ne faut donc pas s'étonner si les désincarnés ne peuvent rien préciser sur ces points-là, puisque nous constatons si souvent la même absence de mémoire chez les vivants.

A la deuxième séance, elle se trompe encore ; au lieu de 1876, elle dit 1881, ce qui est la date du décès de son mari et non du sien. Elle dit que sa fille et son fils sont allés habiter l'Algérie, mais l'enquête nous apprendra plus tard que c'est la Tunisie ; erreur sans importance, très excusable chez une vieille qui ne s'est jamais inquiétée de géographie.

Ce n'est qu'à la troisième séance qu'elle donne enfin, avec les années, mois et jours, les dates demandées. Les souvenirs lui reviennent en foule et son caractère un peu agressif, son amour des cancans et du bavardage se donnent libre carrière ; elle dénonce son fils et sa fille, et reconnaît, avec une satisfaction visible, qu'elle aime bien s'occuper de ce qui ne la regarde pas. Psychologie réaliste de paysanne oisive et médisante, confirmée par la lettre reproduite dans notre enquête.

On pourrait nous retourner ce que nous avons mis en lumière à propos de l'objectivation des types. Mais ici, personne n'a suggéré au médium qu'il était une vieille femme, ayant vécu dans un tel pays, de telle date à telle date ; personne ne lui a dit qu'elle avait à nous représenter un type de bavarde, capable de compromettre ses enfants eux-mêmes. On pourrait dire encore qu'en choisissant l'image d'une femme bavarde, le médium avait les plus grandes chances de tomber juste ; mais ce ne serait là qu'un argument sans valeur et qui dresserait contre lui toute l'opinion féminine.

En somme, cette communication nous montre une fois de plus que les esprits peu évolués sont comme dans une sorte de rêve ; ils persistent à se croire vivants ; en général ils n'ont aucune conscience des conditions d'une vie future, n'en éprouvent pas le besoin et ne souffrent pas, à proprement parler, de l'indécision de leur état.

Ils ne se rendent pas compte et sont un peu comme nous pendant le rêve, alors que nous admettons les choses les plus extraordinaires et les plus invraisemblables. Elles ne nous paraissent nullement incohérentes et nous les acceptons sans les discuter ; nous ne les jugeons absurdes qu'au réveil.

Les sensations du monde physique agissent encore sur ces esprits-là et produisent en eux un mélange bizarre de connaissances ; la vue de ce qui se passe sur la terre ne les surprend pas ; ils n'en tirent pas encore des déductions comme ils le feront plus tard, lorsqu'ils seront sortis de cet état particulier qu'on a si bien qualifié du nom de trouble. C'est ainsi que Marguerite a une telle peur du feu, lorsqu'il se déclare chez son fils, qu'elle se sauve pour ne pas être brûlée ; cependant, elle ne devrait plus éprouver aucune crainte.

En outre des sensations, ces mêmes esprits ont des besoins physiques ; ces besoins ne sont pas plus extraordinaires que ceux que nous ressentons pendant le sommeil. Et de même que dans le rêve nous apaisons la faim avec des mets qui n'ont aucune objectivité, mais qui momentanément sont réels pour le dormeur, de même ceux que voient les esprits ont pour eux la même réalité subjective ; au besoin, il les créent par idéoplastie ou par autosuggestion. C'est ce que nous avons si souvent constaté avec les sujets somnambuliques auxquels on fait manger une pomme de terre comme si elle représentait une pêche succulente.

Cet état peut se prolonger plus ou moins et nous verrons que lorsque l'esprit se rend compte de sa situation, aussitôt toutes ses illusions disparaissent et, sans changer de lieu, il subit des transformations qui lui font connaître alors le véritable au-delà.

CHAPITRE XII
Manifestations purement spirites

Mon fils, vos classes sont terminées ; vos études commencent.

Vauvenargues

Nous entamons ici le chapitre des manifestations pour lesquelles devient caduque l'interprétation par une faculté animiste, (télépathie, cryptomnésie, clairvoyance, psychométrie), trouvant ses éléments d'information, soit dans le subconscient, du médium, soit dans celui des assistants.

Si, jusqu'à présent, nous avons admis, comme pis-aller, cette explication évidemment insuffisante, il ne nous est pas permis, désormais d'aller plus loin dans nos concessions. Ce sera maintenant à nos contradicteurs à établir leurs différentes thèses, non plus en supposant, mais en prouvant.

Quand Voltaire entreprit la révision du procès de Calas, le philosophe fut frappé du nombre de présomptions concordantes qui avaient été accumulées contre l'innocent ; cette observation lui suggéra une comparaison pittoresque ; « vingt bouts de preuve ne font pas plus une preuve, dit-il, que vingt bouts de ficelle ne font une ficelle ».

Entendons-nous bien, cependant, car en fait de ficelles, nos adversaires ne sont jamais à court. Exiger d'eux la preuve formelle de leurs négations, c'est nous engager à fournir nous-mêmes celle de nos affirmations, et comme l'a dit Laplace « le poids des preuves doit être proportionné à l'étrangeté des faits ». C'est là le but de ce long dossier dans lequel nous versons les témoignages les plus irrécusables de la survivance, avec le secret espoir d'arriver à combler le fossé qui a séparé jusqu'à présent matérialistes et spiritualistes ; mais nous devons auparavant détruire la méfiance qu'ont accumulé sur nous les préjugés, l'ignorance, l'entêtement et la mauvaise foi.

Par un laisser-aller continu, les cerveaux se sont insensiblement affranchis du besoin de connaître ; la Matière est passée au premier plan ; l'homme ne tient plus compte que de ses plaisirs en écartant soigneusement de ses préoccupations les recherches purement spéculatives. La découverte du monde extérieur et de ses lois lui cache l'existence du monde spirituel et invisible ; il ne vibre plus que pour la conquête des biens terrestres et des joies faciles ; tout cela l'a amené à cet état de décadence et de barbarie pseudo-scientifique contre lequel nous avons le droit de combattre.

Une telle déclaration serait oiseuse si elle ne comportait la nécessité de ramener l'homme à l'étude de lui-même et de sa Destinée. Une expérimentation sans rituel et sans dogmes s'impose à nous pour défendre l'idée de survivance contre l'exclusive prononcé par un brutal matérialisme.

Pour arriver à démontrer l'existence d'une activité mentale extra-terrestre, on a vu que nous avions consenti à éliminer un grand nombre de cas qui auraient pu être suspectés pour toutes sortes de raisons que nous n'avons pas cachées.

Nous voici maintenant en présence de faits nouveaux, précis, débarrassés de toute gangue psychique.

En les présentant comme d'origine purement spirituelle, nous attendons avec sérénité le vocable nouveau par lequel la science orthodoxe essaiera de les expliquer, et nous souvenant de certains entêtements, nous dirons avec le proverbe anglais : « On peut toujours mener un cheval à la rivière, mais on ne peut pas toujours l'obliger à boire. »

Le tailleur de pierres

Le 27 décembre 1921 se présente un esprit qui donne les renseignements suivants :

« Je m'appelle Joseph Boget, tailleur de pierres. Je suis mort à l'hôpital de Belley, département de l'Ain, salle Saint-Louis, le 26 juillet 1914, à l'âge de 70 ans. J'étais veuf. Ma femme s'appelait (le médium prononce avec difficulté un nom qu'on interprète Annimelinette Bojard ou Vojat). Elle est morte à Belley le 25 janvier 1907, d'une maladie de cœur. Nous avions une fille, Joséphine. J'avais tenu en face de la gare un petit hôtel ; dans la maison était établie une modiste. Nous avons quitté cette maison à la suite d'un procès ».

Cet esprit paraissait extrêmement préoccupé et peiné par ce procès sur lequel il nous donna des renseignements intimes d'autant, plus inutiles à rapporter ici qu'il nous fut impossible de les vérifier.

Enquête.— Néanmoins, nous pûmes nous procurer les deux pièces suivantes :

Mairie de Belley

BULLETIN DE DÉCÈS

Du registre aux actes de l'Etat civil de la commune de Belley, pour l'année 1914, il apparait que :

Joseph Boget, né à Virignin (Ain) le 4 octobre 1839, fils de défunt Joseph et de défunte Gabrielle Marchand, veuf de Anthelmette Jouvelel, est décédé en ladite commune, le sept juillet mil-neuf-cent-quatorze.

A Belley, le 30 décembre 1921.

Le Maire (Cachet de la mairie).

Même bulletin concernant :

Jouvelet Anthelmette, née à Nau, commune de Nattages, (Ain), âgée de 70 ans, fille de défunt Nicolas Auguste et de défunte Françoise Bise épouse de Boget Joseph, est décédée en ladite commune le 25 janvier 1908.(Date et cachet).

A ces pièces était jointe une note indiquant que « Mlle Boget a quitté Belley depuis quatre ans environ sans laisser d'adresse. »

Il est donc établi que ces trois personnes ont bien vécu à Belley et que les deux premières y sont mortes : les dates ne correspondent pas d'une façon rigoureuse, comme cela arrive si fréquemment, mais on peut faire, à leur propos, des rapprochements utiles : Boget est mort à 75 ans et non à 70 comme il l'avait dit : cet événement s'est bien produit en 1914, au mois de juillet, mais le 7 et non le 26. Il était bien veuf et il avait une fille encore vivante. Sa femme est bien morte le 25 janvier, mais en 1908 et non en 1907. Elle portait un prénom bizarre, que le médium a interprété Annimelinette « joli cadeau à faire à une enfant » dit un des assistants en entendant ce nom, qui est en réalité Anthelmette.

Il est extrêmement regrettable que nous n'ayons pu avoir confirmation de quelques autres menus détails, mais en tout cas, l'existence de ces personnes à l'époque indiquée ne saurait être niée et constitue un document intéressant qu'aucune hypothèse extra-spirituelle ne pourrait expliquer.

Disons-le une fois pour toutes, car nous n'y reviendrons pas, les personnalités que nous avons rangées dans ce chapitre sont toutes inconnues du médium et des personnes qui ont assisté aux expériences : aucun lieu de parenté ou d'amitié ne nous relie à elles ; jamais aucun d'entre nous n'en avait entendu parler ou n'avait lu dans les journaux quelque chronique se rapportant à elles. Ce sont des inconnus, au sens absolu du mot. Aucun rapport direct ou indirect n'étant établi entre le médium et ces individualités, la clairvoyance ne peut être valablement invoquée comme explication.

L'enquête fut faite par M. Chadefaux, demeurant actuellement 34, avenue de Chatillon.

Observations. — L'hypothèse chère au professeur Richet ne peut guère être invoquée ici, car ainsi qu'on l'a fait observer avec juste raison, la cryptesthésie exige un rapport entre le sujet clairvoyant, et la personne ou la scène qui sont décrites ; dans le cas cité, comme dans ceux qui suivent, c'est précisément l'absence de toute espèce de lien psychique entre le médium et les personnalités défuntes qui se manifestent qui constitue pour nous une preuve absolue de l'indépendance de ces personnalités et établit irréfutablement leur réalité.

D'ailleurs, dans ce cas comme dans bien d'autres, si c'était la clairvoyance du sujet qui fut en cause, on ne comprendrait pas comment, à côté des faits si nets et si précis qu'on obtient par son intermédiaire, nous en avons eu d'autres qui ne correspondent à aucune réalité : ni pourquoi, si la cryptesthésie était omnisciente, nous n'obtiendrions pas à volonté, en tirant au sort dans un dictionnaire géographique, le nom d'un village quelconque ; pourquoi nous n'aurions pas immédiatement des détails précis et circonstanciés sur tous les individus hommes ou femmes qui ont pu décéder dans cette localité. Or, ceci ne se produit jamais. Pourquoi les erreurs se mélangent-elles ainsi avec des faits réels ? l'omniscience cryptesthésique devrait être à l'abri de telles défaillances.

La cause qui intervient, est donc bien indépendante du médium, indépendante de sa conscience normale ou subliminale, indépendante de sa faculté supposée de clairvoyance. Et comme cette cause nous fournit des détails vérifiables sur son passé, en bonne logique nous sommes obligés d'admettre qu'elle est bien la personnalité survivante qui a habité un instant sur terre à l'endroit et dans les conditions qu'elle indique.

JUSQU'A CE QU'ON NOUS MONTRE UNE AUTRE SOLUTION PLUS VRAISEMBLABLE, PLUS ACCEPTABLE ET PLUS LOGIQUE, NOUS PERSISTONS A VOIR DANS LES MANIFESTATIONS CONTENUES DANS CE CHAPITRE UNE INDISCUTABLE DÉMONSTRATION DE LA SURVIVANCE.

Le Petit Gilbert

Dans une des séances du mois de mars 1921, nous eûmes la visite d'un esprit disant se nommer Basile Sompour, ayant habité du côté de Saint-Gaudens ou de Montréjeau. Nous ne pûmes lui tirer d'autres précisions. Camillo, intervenant, déclara que cet esprit, peu évolué, ne connaissait pas sa situation, et qu'il faudrait le faire rappeler. C'est, ce que nous fîmes le 9 avril, mais au lieu de Basile, ce fut son fils qui se présenta.

Voici un résumé du procès-verbal sténographique.

« Le médium est secoué de spasmes nerveux ; son visage change d'expression ; il claque des dents, geint et fait le geste d'éloigner quelqu'un.

D. — Eh bien, ami, vous reconnaissez-vous ?

R. — Maman, maman... mal à la tête...

— Y a-t-il longtemps que vous souffrez ?

— Non. Maman m'a mis de la glace et ça m'a fait du bien.

— Quel âge avez-vous ?

— Neuf ans.

— Comment s'appelle votre maman ?

— Maman Jeanne, et puis l'autre, là-bas, maman Marie ; maman Marie était la maman de papa.

— C'était ta mémé ; où habitait-elle ?

— Saint-Laurent,

— Et toi, où habitais-tu ? (Le médium prononce un nom qu'on interprète Vinclignan).

— C'est loin de Saint-Laurent ?

— Non pas beaucoup ; à côté de Montréjeau.

— Es-tu allé quelquefois à Montréjeau ?

— Oui, le médecin qui me soigne il est de ce pays ; il s'appelle Bordère ; ils sont venus beaucoup de docteurs.

— Comprends-tu que tu es mort ?

— Je ne sais pas.

— Tu te trouves mieux que tout à l'heure ?

— Oui, je souffrais de la tête... on me fait passer des drôles de choses, je vois des papillons noirs... maman... maman... Je ne veux pas mourir, monsieur...

— Tu ne mourras pas, mon pauvre petit, puisque c'est déjà fait. Voyons comment t'appelles-tu ?

— Sompour (Gilbert).

— Et ton papa ?

— Basile Sompour.

— Ton papa est-il mort avant toi ?

— Non, il était à la maison ; maintenant, il est ici avec moi.

— C'est bien ton papa qui est venu la dernière fois ?

— Oui, il avait perdu la mémoire ; il est mort de la méningite ; moi aussi.

— Sais-tu la date de ta mort ?

— En 1885.

— Et ton père ?

— En 1886. J'habitais Vinclignan, mon père y est enterré, mais pas moi ; c'est un grand caveau où il y a 15 places.

— Où allais-tu à l'école ?

— A Vinclignan.

— Sais-tu le nom de ton instituteur ?

— Non.

- Et le nom de jeune fille de ta mère ?

—   … …

— Avais-tu des frères et des sœurs ?

— Non, j'étais seul.

— Vous aviez du bien ?

— Oui ; les trois sœurs s'étaient mariées avec les trois frères, pour garder le bien.

— Dans quel département se trouve Vinclignan ?

— Dans les Hautes-Pyrénées.

— Dis-nous le nom de tes petits camarades.

— Je ne sais plus ; il y a si longtemps... le curé ne m'aimait pas parce que je lançais des boulettes sur les carreaux. La mémé Marie a eu 15 enfants ».

Vision. — Je vois un enfant qui paraît avoir une dizaine d'années, brun de peau, cheveux très noirs ainsi que les yeux ; il a dû souffrir de la tête ; méningite ; il n'est pas resté longtemps malade : Gilbert Sompour. Dans sa famille il y a beaucoup de deuils. Je vois 1885, date de la mort de cet enfant. Vinclignan. Je vois Saint-Laurent, un cimetière, qui a un nom spécial, commençant par un B. Le père doit s'appeler Basile Sompour. Je vois le nom du docteur Bordère. Je vois un autre cimetière, qui est moins grand, celui de Vinclignan. Basile Sompour mort en juillet à l'âge de 41 ans... il y a une grosse tâche, je ne peux pas lire : la tâche se trouve sur la croix de pierre où est l'inscription ».

Enquête. — Elle fut faite par M. Sauvage, 3, rue des Chantiers, qui voulut bien se charger de vérifier ces déclarations. Il put obtenir le bulletin de décès certifiant que :
Somprou, Basile, maçon, 57 ans, né à Montégut, fils de Alexis et de Marie Lafforgue, domicilié à Aventignan, marié à Reine Léonie, est décédé le 22 juin 1911.
Aventignan le 18 avril 1921.
Le maire
(cachet de la mairie)

En outre, M. Sauvage reçut du secrétaire de la mairie, la réponse suivante à un questionnaire qu'il lui avait adressé :
1° Médecin qui a soigné Gilbert Somprou ? probablement M. Maupomé, à Montégut. La maladie qui aurait procédé la mort de cet enfant aurait été de courte durée. (Sur le premier point, il y a certainement une erreur de la part du secrétaire de mairie ; en effet, l'annuaire médical (Guide Rosenvald) porte le docteur Maupomé comme diplômé en 1894 ; il n'a donc pu donner ses soins à Gilbert en 1886. Au contraire, Gilbert avait

déclaré que le médecin qui le soignait, avec beaucoup d'autres, s'appelait Bordère ; or le guide Bosenvald fait figurer sur la liste des médecins exerçant à Montréjeau le nom suivant :

Bordère (1877) officier de santé ; ce nom reste sur la liste jusqu'en 1920 ; d'autre part, le Bottin porte le même nom jusqu'en 1917. Ce médecin ayant été diplômé en 1877, il y a toute apparence qu'il exerçait en 1886 ; il est vraisemblable qu'il a pu donner ses soins à l'enfant. Dans cette affaire, c'est le mort qui paraît avoir raison contre le vivant. Sur le second point : la maladie aurait été de courte durée, c'est ce qu'a dit le médium au moment de la vision : il n'est pas resté longtemps malade.

2° Somprou Gilbert est décédé dans la commune de Montégut vers 1886, à 4 ans (Hautes-Pyrénées). (Gilbert est mort vers 1886 à l'âge de 4 ans ; il avait dit qu'il était mort en 1885, à l'âge de 9 ans. Il n'avait pas parlé de Montégut, commune de 249 habitants, située à 2 kilomètres).

3° Ci-joint le bulletin de décès de son père Somprou Basile le 22 juin 1911, à Aventignan. (L'enfant avait déclaré que son père était mort en 1886 ; l'erreur est ici considérable. Quant au nom de la commune Aventignan, le médium disait Vinclignan, par faute de prononciation, assurément. Il en est de même du nom de famille que Albertine prononçait Sompour, au lieu de Somprou, par interversion des lettres.)

4° Le père et la mère de Gilbert provenaient de deux familles dont les deux frères avaient épousé 2 sœurs (Gilbert, avec un peu d'exagération avait dit : les trois sœurs avaient épousé les trois frères).

5° Le nom de l'instituteur était Solle. (Gilbert a déclaré qu'il ne se rappelait plus ce nom).

6° Basile Somprou est enterré dans l'ancien cimetière d'Aventignan, aujourd'hui transformé en place publique.

7° Pas de tombe, et par conséquent pas d'inscription. (Albertine voyait une croix avec une inscription ; cette croix a pu, a même dû se trouver sur la tombe, car il n'est pas d'usage d'enterrer un mort sans placer une croix à la tête de sa tombe. Les deux ont dû disparaître au moment de la transformation du cimetière en place publique.)

8° Le cimetière de Saint-Laurent n'a pas de dénomination particulière : (Albertine avait dit qu'il portait un nom spécial commençant par un B.)

Observations. — Les inexactitudes sont ici aussi nombreuses que les précisions, mais elles s'expliquent très naturellement par la mentalité de cet enfant de 4 ans dont la mémoire, encore mal assise, n'a pas retenu des faits remontant à 35 ans. Combien d'incarnés en sont là ? Quels sont ceux qui pourraient se rappeler le nom de leurs camarades d'école et de leurs maîtres ? Quant à ce qui s'est passé chez lui après sa mort, l'enfant n'en a qu'une vague idée, puisqu'il place la mort de son père en 1886, au lieu de 1911 ; l'erreur est de 25 ans. Par contre, il cite le médecin Bordère, qui vivait à cette époque, se rappelle le nom de sa grand-mère, Marie, mais se trompe sur celui de sa mère.

Nous sommes ici, incontestablement et malgré les lacunes que nous signalons, en présence d'une personnalité réelle, qui donne la preuve de son passage sur terre, et non d'une personnification obtenue par suggestion ou autosuggestion.

Il y a lieu de remarquer que l'enfant déclare être mort de méningite et être resté assez longtemps dans le trouble. Lorsqu'il se communique à nous, il se produit en lui quelque chose d'analogue à la régression de la mémoire qu'on observe avec certains sujets (Voir les travaux des professeurs Pitres, Janet, et des docteurs Bourru et Burot.), mais mémoire encore incomplète.

Les confusions relevées dans ses déclarations peuvent donc parfaitement s'expliquer par un reste du désordre mental qu'il a éprouvé pendant sa maladie et qui s'est reproduit au moment où l'on ramenait l'esprit à l'époque de ses derniers moments.

De plus, cette situation mentale se complique encore par la nécessité dans laquelle se trouve cet enfant de se servir d'un cerveau étranger ; les erreurs constatées s'expliquent logiquement ; elles n'infirment en rien les renseignements exacts qui ont pu être contrôlés et qui nous montrent la complexité psychologique de ces phénomènes ; la vérité et l'erreur y sont bizarrement mélangés d'une façon inextricable, mais cependant compréhensible pour ceux qui ont fait une étude approfondie des états de la personnalité somnambulique pendant le sommeil.

L'Enfant brûlé vif

Cette psychologie des enfants morts en bas âge est extrêmement intéressante à étudier, parfois fort émouvante par les naïvetés de leur expression toujours sincère, car ces petits désincarnés ne cherchent jamais à jouer un rôle, ni à se donner de l'importance, comme le font quelquefois les grands.

Dans une de nos réunions, au début de 1920, nous avions fait appeler, sur la demande d'un ami, son jeune enfant Yéyé, enlevé brusquement à son affection après une courte maladie. Yéyé nous donna des communications étonnantes de précision, d'une grâce touchante qui nous mettait des larmes dans les yeux, et dans une de ses dernières interventions, il nous annonça qu'il nous amènerait sans tarder un de ses petits camarades de l'espace ; il tint parole comme on va le voir.

Voici l'ordre des procès-verbaux :

1° Séance du 22 avril 1920. chez M. Bourniquel. — Le médium reproduit l'agonie d'un enfant brûlé vif (état de transe), sa voix révèle la plus affreuse angoisse ; et par monosyllabes éplorées, il fait comprendre qu'il s'est brûlé au ventre en touchant aux allumettes, malgré la défense de sa bonne maman, et qu'il ne le ferait plus. A l'état de voyance, le médium déclare sentir une forte odeur de fumée provenant de chiffons brûlés, et aperçoit l'enfant dont l'esprit s'est incarné au début de la séance. Elle en donne le signalement.

2° Séance du 26 avril chez Mme Capéra. — Incarnation de l'enfant brûlé. Il dit avoir trois ans et s'appeler Mimi. Il se plaint encore du ventre et parle de sa grand-mère. Il prétend n'avoir plus de maman. Il est impossible d'avoir d'autres renseignements, mais sur une question, il déclare qu'il y a près de lui un petit garçon avec lequel il joue.

Incarnation de Yéyé qui dit que c'est lui qui s'est occupé du petit Mimi et il ajoute que ce petit garçon habitait Montmirail.

« Ah oui, coupe quelqu'un, Montmirail dans l'Aisne.

— C'est peut-être Montmirail dans la Marne, dit un autre.

— Il y a aussi l'eau de Montmirail dans la Vaucluse », dit un troisième.

Mais Yéyé les met tous d'accord :

« Non, dit-il, Montmirail, c'est dans la Sarthe ».

Il est impossible de savoir le nom de famille, mais Yéyé dit qu'il enverra Mimi chez lui et que, la prochaine fois, il sera plus lucide. Il répète que l'enfant n'a plus sa maman et c'est son grand-père à lui qui lui fournit les renseignements concernant Mimi.

A l'état de voyance, confirmation de ces renseignements.

3° Séance du 2 mai, chez M. Bourniquel. — Yéyé indique que le petit Mimi s'appelle Albert Lenay, mort vers le 15 novembre 1885, à Montmirail, orphelin de mère, mais ayant son père et sa grand-mère.

A la suite de ces séances, un des assistants, M. Albert Villot, avocat à la Cour d'appel, voulut bien se charger de prendre les renseignements nécessaires pour savoir s'il y a 32 ans, un enfant était mort dans ce village de 730 habitants, dans les conditions indiquées. Voici la réponse du secrétaire de la mairie.

Montmirail le 4 juin 1920.

Monsieur,

Des registres de l'Etat-civil tenus à la mairie de Montmirail il apparait que Albert Arthur Raphaël Lenay est né en cette commune le 29 octobre 1885.

Le susnommé est décédé à Montmirail le 18 novembre 1888.

Je pense que ces renseignements pourront vous satisfaire.

Veuillez agréer...

Le secrétaire de la mairie. Signé : Bouvet.

Au sujet de la date il y a eu confusion ; l'enfant n'est pas mort le 15 novembre 1885, mais le 18 novembre 1888 ; il avait pris l'année de sa naissance pour celle de sa mort ; néanmoins, il avait bien trois ans.

Il restait cependant encore une foule de détails qu'il était bon d'éclaircir relativement à :

1° La nature de la mort du petit Mimi (allumettes, chiffons, brûlures au ventre) ;

2° S'il avait une grand-mère ;

3° Si sa mère était morte ;

4° Si son père vivait.

C'est pourquoi M. Henri Sauvage écrivit à son tour à Montmirail. Il obtint la réponse suivante que nous insérons intégralement.

Moutmirail le 16 août 1920.

Monsieur,

Il résulte des renseignements que j'ai pu recueillir relativement au décès de Albert Arthur Raphaël Lenay survenu le 18 novembre 1888 à 10 heures du matin, qu'après la mort de sa mère décédée le 4 juin de la même année, cet enfant avait été confié par son père, maître d'hôtel, aux soins de ses grands-parents maternels, les époux Menant, dont le mari était paralytique.

Le matin du 18 novembre, vers 7 heures, pendant une courte absence de la grand-mère pour faire les provisions du ménage, le petit Lenay, gamin intrépide, s'était levé et ayant sans doute trouvé des allumettes, avait voulu faire du feu. Celui-ci s'était communiqué à sa blouse de nuit. La grand-mère, rentrant au même moment, s'était aussitôt portée au secours de l'enfant en appelant à l'aide, et avec les voisins avait éteint les flammes.

Le père, immédiatement prévenu de l'accident, fit de suite appeler le médecin ; mais tous les soins furent inutiles. Tout le corps avait été carbonisé par les flammes, notamment le ventre. L'enfant succombait environ trois heures après dans d'horribles souffrances.

M. Lenay père qui est encore existant et habite la commune de Melleray, canton de Montmirail, a eu un réel chagrin de la mort de son fils.

Veuillez présenter mes excuses à Me Villot pour le retard apporté à lui donner ces renseignements, mais, dans les campagnes, il n'est pas toujours facile d'obtenir ce que l'on veut :

Veuillez agréer...

Le secrétaire de la Mairie Signé : Bouvet

Observations. — Il est donc bien certain :

1° Qu'un enfant de trois ans du nom de Alfred Lenay est mort à Montmirail (Sarthe) ;

2° Que son trépas a été causé par le feu mis à ses vêtements par des allumettes, et que c'est le ventre qui a été le plus atteint ;

3° Qu'il avait bien une grand'mère ;

4° Que sa mère était décédée ;

5° Que son père existait et existe encore. Or, aucun des assistants aux trois séances n'avait habité Montmirail et ne soupçonnait même l'existence de ce pays. Aucun n'a souvenir d'avoir entendu parler de ce fait remontant à 32 ans, qui n'a jamais été publié dans le journal de la localité (et pour cause). Lorsque cet accident se produisit, le médium n'avait que onze mois et vivait à 920 kilomètres de Montmirail. Le nombre des détails exacts infirme toute supposition de coïncidence fortuite ; l'absence de toute relation entre les membres du cercle et la famille Lenay supprime l'hypothèse de la psychométrie.

Ici encore, nous nous trouvons incontestablement en face d'un cas de régression de la mémoire. Nous voyons, de la façon la plus manifeste, que les esprits qui se communiquent se représentent dans l'état où ils se trouvaient au moment de leur décès, quelle que soit l'ancienneté de ce décès. Circonstance tout à fait remarquable, c'est le petit Yéyé, mort tout récemment, mais réveillé (ou reconnu, suivant l'expression usitée), qui a servi de guide à Mimi, bien moins avancé, bien qu'il fut mort depuis plus longtemps. Ceci semble établir que la notion du temps est une chose purement terrestre ; que des périodes qui nous paraissent fort longues sont, en réalité, de très peu d'importance pour l'esprit désincarné.

Il est curieux de constater que chez les esprits peu évolués, la dernière situation psychologique terrestre persiste dans l'espace pendant une période indéterminée jusqu'au moment où le réveil se produit.

Ceci confirme ce que nous savions déjà par les expériences de nos prédécesseurs.

Le loueur de voitures

26 avril 1921, villa Montmorency. — Lorsque le médium est *entrancé*, on prie un des docteurs présents de vouloir bien vérifier son état physiologique ; celui-ci fait de brèves constatations, et soulève la paupière

du sujet. M. Bourniquel fait cesser la catalepsie qui était complète, le corps étant en arc de cercle, et questionne le médium qui répond avec assez de facilité.

« Il fait chaud ; ah, que je suis mal ! comme on a chauffé cette salle ! regardez-moi ce soleil ; on étouffe ; on a tout fermé.

— Où êtes-vous ?

— Je suis à l'hôpital Cochin.

— Savez-vous que vous êtes mort ?

— Oui, je suis mort.

— Pour quelle maladie êtes-vous entré à l'hôpital ?

— Je souffrais dans le ventre ; c'est un docteur qui m'a envoyé à Cochin ; à la maison, je ne pouvais pas me soigner.

— Vous habitiez Paris ?

— Oui, avenue de Choisy, n° 60.

— Votre nom ?

— Marie Victor Menière (Tous les noms propres sont changés, mais nous tenons les véritables à la disposition de ceux qui voudraient contrôler.).

— Quel âge aviez-vous ?

— 30 ans.

— Y a-t-il longtemps que vous êtes mort ?

— Oui, en 1906, le 17 juin.

— Comment s'appelait votre femme ?

— Berthe Bousquet. J'habitais chez mes beaux-parents. J'aidais mon beau-père. J'avais un fils, Guillaume Victor, qui avait un an, quand je me suis marié, en 1900. Ma femme avait été élevée en Auvergne.

— Votre femme est-elle morte ?

— Elle n'est plus chez les vieux.

— Pourquoi donc ? Est-elle remariée ?

— Elle a foutu le camp ; elle est partie avec un propre à rien ; elle a eu deux enfants avec ce type ; il lui fout des coups de poing ; ce sont deux ivrognes. Vous irez voir le vieux, vous verrez ce qu'il vous dira de cette garce ; elle habite avenue Sainte-Marie, n° 6, cité Doré ; ils ont deux filles ; l'aînée doit avoir dans les huit ans. C'est du propre. Tout ça grouille, là-dedans. Ma femme travaille chez un charbonnier ; c'est une saleté. Je ne voulais pas venir pour voir ces choses-là. Je suis malheureux parce qu'elle se conduit mal ; je ne retournerai pas là-bas.

— Dans quelle salle étiez-vous à Cochin ?

— Salle Saint-Louis, je crois. Moi j'étais charretier ; on louait des voitures à bras ; ce n'était pas une grosse affaire, mais pendant un moment, nous avons eu un cheval ; on faisait des déménagements ; j'étais commissionnaire. Quand je vivais, ma femme était honnête ; elle est comme ça depuis ma mort. Je ne voudrais pas voir tout ce que je vois.

— Avez-vous essayé de faire du tapage pour manifester votre présence ?

— Oui, mais ils n'ont pas compris ce que c'était.

— Vous saviez que vous étiez mort ?

— Je l'ai su lorsque Berthe est partie de chez elle. Guillaume, mon fils, à maintenant 23 ans.

— Cet enfant était-il né avant votre mariage ? car régulièrement il devrait avoir 16 ans.

— Il a quand même plus que ça : je me suis marié en 1900 ; il est né en 1899 et je suis mort en 1906...

— Alors, votre fils a 22 ans.

— Oui... Je suis Parisien, né dans le XIIIe.

—   Quelle est votre date de naissance.

—   ....

— Où avez-vous été enterré ?

— Ça, je m'en fous bien ; Ivry, je crois.

— Et celui avec qui vit votre femme, comment s'appelle-t-il ?

— Pour moi, ça n'a aucune importance.

— Est-ce que, pendant votre vie, vous n'avez pas mérité cette punition ?

— Non, non ; comme tous les hommes qui travaillent, de temps en temps je buvais un petit coup sur le zinc, mais je n'étais pas un soulaud.

— Quel âge avait votre femme au moment de votre mariage ?

— Une vingtaine d'années ; moi j'avais 24 ans ; nous sommes restés 6 ans ensemble. C'est ma femme qui travaille et apporte l'argent à la maison ; lui c'est un propre à rien. Ce ne sera pas trop tôt qu'on me sorte de là. » Vision. — Je vois un homme de taille moyenne, plutôt grand, 1 m. 75 ; il a l'air bien malheureux et malade, les joues creuses, une tête de tuberculeux. Il devait avoir de violents maux de tête. Il est vêtu comme un ouvrier, avec une salopette. Marie Victor Menière. Il paraît 30 ans. La moustache assez fournie à la Gauloise ; la raie sur le côté. Je vois l'hôpital Cochin. Je vois des voilures à bras, un cheval, le nom Bousquet ; Berthe Bousquet est le nom de sa femme ; il a un fils ; 1900 ; —1906, c'est la mort de ce pauvre homme, juin 17. — Anniversaire : il doit être né le 17 juin et mort le 17 juin. Je vois une femme habillée comme une chiffonnière ; elle doit travailler dans le charbon. Avenue Sainte-Marie n° 6 ; Elle doit boire ; elle paraît avoir 40 ans ; je vois 2 filles à côté d'elle, elles sont aussi sales ; l'aînée paraît 8 ans, l'autre 5 ans. Le fils doit être soldat.

Enquêtes. — M. Sauvage, qui se chargea d'une partie de l'enquête, eut quelque difficulté à se procurer les pièces officielles. Néanmoins il nous fit parvenir l'acte de mariage et l'acte de décès suivants :

ACTE DE MARIAGE
17 mai 1900 ; 13e arrondissement de Paris

Mariage M... et B... du dix-sept mai mil neuf cent, mariage de M..... Victor, né à Paris, 13° arrondissement, le 15 juin 1876, 2e canonnier au 40e d'artillerie à Châlons-sur-Marne, fils de..... et B..... Marie Pacifique, née à Paris, 10° arrondissement, le 15 décembre 1879, domestique à Paris, avenue de Ghoisy, n° ..., fille de.....
Il n'a pas été fait de contrat.

ACTE DE DÉCÈS
19 juin 1906 ; 14e arrondissement de Paris
Décès M..... Victor, du dix-neuf juin mil neuf cent six. Décès de M..... Victor, 30 ans, cocher livreur, né à Paris, demeurant ...... décédé, 47, rue du faubourg Saint-Jacques, fils de ...... époux de Marie Pacifique B...... 26 ans, journalier.

De son côté, M. Ghadefaux, chargé de l'enquête, eut, lui aussi, de la peine à retrouver cette piste ; voici un extrait de son rapport :

Paris, le 25 avril 1921.
Monsieur le Président,
... La marchande de vin, au n° 60, à laquelle je m'adresse, avenue de Choisy, m'apprend que, en effet, Bousquet et son gendre Menière ont habité là autrefois ; qu'ils ont été remplacés, par une dame Paris leur parente,

laquelle, établie actuellement à Gentilly, serait à même de fournir des indications précises, Elle confirme les dires de Menière, sans pouvoir préciser les dates, et ajoute que Guillaume, le fils, âge de 23 ans, travaille avec son mari comme livreur de charbon, et qu'il couche chez eux au n° 60. Quant à la mère de ce jeune homme, elle a une réputation déplorable ; elle vit avec un vaurien du nom de Fort. Je me suis rendu ensuite cité Doré (ou avenue Sainte-Marie), véritable repaire garni de taudis puant la misère et le vice. La veuve Menière dite femme Fort est absente. Une vieille femme qui m'a désigné la maison me suit pour me dire que si je viens pour une demande de secours, ils en sont indignes, étant toujours saouls tous les deux, etc...

Veuillez agréer...

L. Chadefaux

2e rapport en date du 27 avril : Je me suis rendu hier à Gentilly où Mme Paris m'a fait la déclaration suivante :

« Je suis cousine germaine de Berthe Bousquet, veuve de Marie Victor Menière. Celui-ci est, en effet, décédé tuberculeux à l'âge de 30 ans, à l'hôpital Cochin, salle Saint-Louis, le 16 ou le 17 juin 1906. C'est moi qui ai reconnu le corps à l'hôpital et qui ai demandé l'inhumation à Ivry, au lieu de

Bagneux. Menière avait longtemps habité et travaillé avec son beau-père Bousquet, loueur de voitures à bras, avenue de Choisy n° 60. Guillaume Menière, le fils, est né en février..... à l'hôpital Lariboisière. Il a été reconnu par son père, puis légitimé par le mariage. Il doit avoir 23 ans, étant de la classe 19. Dans son enfance, ma cousine Berthe a été élevée plusieurs années à Vernières, près de Saint-Flour (Cantal). Il est exact que depuis la mort de son mari, elle vit avec un vaurien. »
L. Chadefaux.

Les deux enquêtes ont donc apporté la confirmation de tout ce qui avait été dit par le communicant ; c'est à peine si quelques erreurs très légères peuvent être relevées : lorsqu'il fait voir au médium, par exemple, que la date de sa mort est anniversaire de sa naissance : 17 juin — 17 juin, tandis que les dates réelles sont 15 juin — 19 juin.
Ne soyons pas si sévères à propos des erreurs commises par les esprits ; les vivants en commettent tout autant : la cousine Paris dit qu'il est mort le 16 ou le 17, et cependant c'est elle qui a été reconnaître le corps et demandé son inhumation à Ivry. Il arrive même quelquefois que les esprits rectifient les erreurs des vivants : ainsi, dans la séance d'incarnation, l'un de nous ayant dit que le

fils, Guillaume, devait avoir 16 ans, l'esprit a insisté pour affirmer qu'il devait avoir davantage, et vérification faite, c'est lui qui avait raison.

La mentalité de Victor Menière n'est pas compliquée ; il dit ce qu'il pense et il ne mâche pas ses mots ; il parle comme un homme sans éducation, mais il a des sentiments honnêtes qui lui font désapprouver la conduite de sa femme. On constate qu'il en souffre et ses rudes expressions dénotent une sensibilité aiguë. Il voit, à n'en pas douter, ce qui se passe dans le repaire de misère où se vautre maintenant sa femme ; le tableau réaliste qu'il en a fait semble sorti de la plume d'Eugène Sue. Enfin, il sait qu'il est mort ; depuis le départ de sa femme, dit-il ; et comme ce départ a suivi de près la mort du mari, il est à présumer que Victor n'est pas resté longtemps dans le trouble.

L'enquête a été très difficile à amorcer, parce que la maison portant le numéro indiqué par l'esprit a été démolie et remplacée par une maison moderne. L'un de nous, sans avoir été mandaté, alla faire une enquête officieuse qui ne lui donna aucun résultat ; il ne trouva ni la maison ni personne qui put le renseigner. Il s'en revint bredouille. A son tour, M. Sauvage se heurta à des difficultés administratives sur lesquelles nous n'insistons pas, mais qui lui firent lâcher prise dès le début de ses recherches. Ce n'est que devant notre insistance qu'il les reprit, avec plus de succès cette fois. Il était donné à M. Chadefaux de les compléter de la façon la plus heureuse. Lorsqu'il se présenta Cité Doré, les enfants en haillons et la vieille miséreuse, le prenant pour un petit manteau bleu, lui couraient après, tels les truands de la Cour des miracles, dans Notre-Dame-de-Paris.

Comment supposer, dès lors, qu'un membre du groupe ou le médium lui-même aurait pu s'informer, préalablement, de l'Etat-civil de Victor Menière, de toutes les particularités de son existence, des dates du mariage et de la mort, suivre à la piste la veuve et le fils, assister à la naissance des deux fillettes, avoir été témoin de la déchéance de cette femme encore jeune, de l'état d'abrutissement dans lequel elle était tombée ? L'évidence des faits, la logique, l'observation et le bon sens se combinent dans cette communication comme dans la plupart des autres et nous démontrent l'intervention d'une intelligence qui n'est pas la nôtre ; elle ne peut davantage provenir d'aucun survivant de cette famille.

La femme du garde-champêtre
19 juin 1921, villa Montmorency. — Le médium reproduit une agonie très

impressionnante ; il claque des dents, son visage est tout-à-fait transformé et douloureux, les muscles du cou sont fortement tendus. Il appelle :

« François ! ! !

— Que lui voulez-vous, à François ?

— Il faut me couvrir ; j'ai froid partout.

— Mon pauvre ami, vous êtes mort ; le savez-vous, le comprenez-vous ?

- Oui ; j'ai eu une attaque, mais je n'étais pas malade.

— Comment êtes-vous mort ?

- J'avais froid, j'avais froid, froid ».

 M. Bourniquel fait des passes au médium.

« Voilà de la chaleur ; avez-vous chaud, maintenant ? »

Les mains du médium se réchauffent. On lui demande en quelle année il est ; il se gratte le front et dit :

«Je crois que nous sommes en 1902... J'habitais Pesmes, dans la Haute-Saône, arrondissement de Gray ; c'est là que j'ai été élevée. Je m'appelle Fuin (Françoise) ; je devais avoir dans les 72 ans ; mon mari était en vie, il s'appelait François et il était vigneron. On fait du bon vin, par là. On avait des vaches à la maison ; nous habitions le petit village de Chaumersaint. Je suis née et morte à Pesmes. J'ai eu 9 enfants.

— Combien de garçons ?

— Je ne sais pas ce qu'ils sont devenus. Où suis-je ?

— Ici, nous nous occupons des morts, nous faisons du spiritisme ; vous comprenez ?

— Comme les sorcières. Ces femmes-là font du mal au bétail, elles jettent des sorts ; les vaches, ça les rend malades. Il faut aller trouver le curé pour s'en sortir ; il s'arrange, il fait une neuvaine, et l'on s'en sort. Ah ! ces gens-là, quand on les a autour de soi, on a beau sulfater les vignes... Quand ces femmes-là sont passées, elles en jettent de la poudre...

— Vous trouvez-vous mieux ?

— Je n'ai pas chaud ; oui il y a de la neige, nous sommes en hiver ; nous avons du charbon.

— Racontez-nous quelques faits importants de votre existence.

— Ce n'est pas très important. Mon mari était garde-champêtre à Chaumersaint ; nous habitions Pesmes ; ce n'est pas loin. Il avait pour ses fonctions 500 francs par an ; avec cela on n'était pas malheureux.

— Et vos enfants ?

— Quand je vais chez nous, je les vois ; les uns sont morts, les autres en vie ; parfois je retourne à la maison ; ils vont travailler aux vignes. Je ne travaille plus aux vignes ; mais je vais chez moi seulement. Je ne me rends pas compte ; c'est comme dans un rêve. Les enfants sont enterrés à Pesmes, moi également.

— Votre mari est-il toujours en vie ?

— Je le vois comme les enfants.

- Voulez-vous aller chez vous et tâcher de vous rendre compte si votre mari est vivant ou s'il est mort ?

—   …… …… ….

— Etes-vous allée à Paris, quelquefois ?

— A Paris ? Merci bien ; tout le monde s'y fait écraser... Mon mari est mort en 1907 : il était plus vieux que moi : 82 ans.

— Est-il mort à Pesmes ?

— Non... Je n'en sais rien. On vivait bien tranquillement.

— Combien vous restait-il d'enfants sur neuf ?

— Il m'en restait 3 ; j'en ai perdu 6, mon nom était Françoise Puin, épouse Mazuré.

— Depuis que vous êtes morte, il y a eu du changement, du progrès ; les automobiles, les avions.

— Oh là là ! Les mécaniques ; laissez donc le travail comme il était. Autrefois, on allait à pied et on ne s'en portait pas plus mal, on n'était pas riches, mais on ne faisait de mal à personne. Quand mon mari voyait quelque braconnier, il ne pardonnait pas ; il était sévère, mais juste ; il ne faisait pas ce travail quand il était vieux, mais quand il était jeune ».

Vision. — Le médium décrit une vieille femme ridée, avec un bonnet sans dentelles, les cheveux en bandeaux ; une paire de sabots avec des chaussons ; il doit faire froid dans ce pays ; elle a un grand châle sur les épaules, fait en laine tricotée à la main. Puis elle voit une maison pointue, vieille, couverte en tuiles ; il y a une remise avec des bêtes à corne. Le village est tout petit avec des coteaux et des vignes couverts de neige. Françoise Fuin. Pesmes. J'entends Haute-Saône, Chaumersaint (arrondissement de Gray). Elle voit également un homme portant une espèce de pompe comme une sulfateuse, le nom Mazuré ; il est vieux, paraît 80 ans. Il a l'air de porter des rapports ; il n'a pas d'uniforme, mais il porte des papiers pour les contributions.

Le 23 juin, l'esprit, rappelé, complète ainsi ses déclarations, que nous résumons ici :

« Je m'appelle Françoise Mazurier, née Fuin ; mon mari était né à Pesmes et moi à Chaumersaint. Je suis née le 11 septembre 1821 et morte le 3 janvier 1897 à Dijon, où ma fille m'avait placée chez les sœurs, à l'hospice des vieillards. Ma fille s'appelait Françoise Gye et son mari était établi serrurier à la porte d'Ouche ; elle est morte à 47 ans, en novembre ou décembre 1905. Son fils Georges est dans la maison ; il travaille comme son père. Mon gendre s'est remarié

14 mois après la mort de ma fille ; il est mort lui aussi ; son fils lui a succédé ; il est bien brave et vaillant.

« Je suis morte d'érysipèle et j'ai eu comme une attaque. Je me suis mariée à la République de 48 ; un siècle depuis que je suis née ! En voilà du temps ».

Enquête. — M. Chadefaux, chargé de l'enquête, reçut la pièce officielle suivante :

R. F.   BULLETIN DE DÉCÈS
Ville de Dijon. Etat civil.
Le cinq janvier mil huit cent quatre-vingt dix-huit est décédée à Dijon, FUIN Jeanne Françoise, âgée de soixante-seize ans, née à Chaumersaint (Haute-Saône), le 5 septembre 1821, demeurant à Dijon, boulevard de Strasbourg (Asile des vieillards), fille de feu Fuin Antoine et de feue Guignolet Madeleine son épouse, et mariée à Mazurier Jean-François.
Pour note, Dijon, le trente juin 1921.
(Cachet de la Mairie)

Une note spéciale de la mairie déclare :
« Il ne nous est pas possible de savoir si elle est morte d'un érysipèle ; ce renseignement n'existe pas dans l'acte de son décès. »
Une autre note du secrétaire de la mairie de Pesmes dit ceci :

234

« Il n'y a pas eu de Mazurier, garde-champêtre à Pesmes, et pas de Mazurier décédé à Pesmes en 1902. Ce nom est assez commun dans cette région et les personnes auxquelles j'ai demandé des renseignements ont cru se souvenir qu'il y avait eu jadis un garde-champêtre nommé Mazurier à Sauvigney-les-Pesmes, où vous pourriez vous adresser. Il est né à Pesmes, en 1821, un Mazurier Jean François. Est-ce celui qui vous intéresse ? »

M. Chadefaux, profitant de cette indication, s'adresse alors au maire de Sauvigney-les-Pesmes qui répond :

« Monsieur Chadefaux,

« Au sujet des renseignements que vous me demandez concernant Mazurier François, j'ai l'honneur de vous dire que ce dernier a été pendant dix ans garde-champêtre dans notre commune, de juillet 1854 à mai 1864. Cet homme a été un bon travailleur, il a élevé une nombreuse famille qui était très estimée.

Recevez...

Le Maire de Sauvigney-les-Pesmes. Ch. Bardy. »

(cachet de la mairie).

Enfin, voici, une autre lettre qui complète et justifie les renseignements de famille donnés par l'esprit ; elle est adressée à une autre personne qui a bien voulu se charger d'une partie de l'enquête :

Dijon le 30 juillet l921

Cher Monsieur Grandjean,

J'ai trouvé enfin un moment pour faire les enquêtes sur l'entité Mazurier. On peut répondre que tout est exact, et même que certains renseignements qui pourraient sembler erronés pour tout le monde sont vrais pour le fils et la femme seuls. Voici :

A l'asile des vieillards (dit aux Petites-Sœurs) on me fait connaître que Jeanne-Françoise Fuin, épouse de Jean Mazurier est née à Chaumersaint le 5 septembre 1821 et entrée à l'asile le 26 juillet 1897 où elle est décédée le 5 janvier 1898.

Son mari avait été garde-champêtre non pas à Pesmes, mais à Sauvigney-les-Pesmes. Le petit fils Georges Gey (c'est Gey et non pas Gye) a bien succédé à son père serrurier à la porte d'Ouche (la dernière maison à gauche de la rue Monge). Il n'est pas le seul petit-fils de Mme Mazurier, mais le seul survivant de ses père et mère à lui. Sa mère Françoise Gey est morte en décembre 1902 et non 1905. Vous avez donc ici tous les renseignements sans avoir besoin de passer par Pesmes, puisque le petit-fils et sa femme m'ont confirmé et rectifié tout ce que vous avez demandé ou indiqué.

Je dois vous dire que M. et Mme Gey qui sont des personnes intelligentes, très sérieuses, à l'aise et bien élevées, ont été très impressionnées par tous les détails si exacts et si complexes de votre lettre que je leur ai lue, en les priant d'en vérifier l'exactitude.

De prime abord, deux renseignements leur ont paru inexacts, tels que la date du mariage du père Gey (4 ans et non 14 mois après son veuvage), mais à la réflexion, ils reconnurent que le père s'était mis en ménage environ 14 mois après la mort de sa femme. De même pour l'existence des petits-fils de la dame Mazurier qui sont nombreux, mais dont le fils Gey reste seul.

Vous avez donc là un cas bien défini d'identité.

A. Lafont. »

Remarques. — Les nombreuses particularités de cette expérience excluent, de la façon la plus formelle, toute explication par la cryptesthésie. Si M. le prof. Richet veut bien se donner la peine d'étudier ce cas et certains autres contenus dans ce chapitre, il lui sera difficile de maintenir son hypothèse, qui ici, pèche contre la logique et ne peut résister à l'analyse des faits.

Nous ne retiendrons que deux points sur tous ceux qui ont été énumérés par l'esprit, contrôlés par l'enquête et reconnus exacts :

1° Mon gendre était établi à la porte d'Ouche. Pour user d'un terme semblable, il fallait quelqu'un connaissant bien Dijon et que ce quelqu'un fut d'un âge avancé, car il y a très longtemps que cette dénomination : Porte d'Ouche a été remplacée par : Rue Monge. C'est ce que nous assura M. Lafont dont nous fîmes plus tard la connaissance, à Paris où il se trouvait de passage.

2° Mon gendre s'est remarié 14 mois après la mort de ma fille. Lorsqu'on rapporta cette affirmation à M. Gey, le fils de ce gendre, il déclara tout d'abord qu'il y avait erreur, son père s'étant remarié 4 ans après son veuvage. Ce n'est qu'après avoir réfléchi qu'il dit : « Mais cependant, ce que vous dites pourrait être exact ; je me rappelle maintenant qu'il s'était mis en ménage 14 ou 15 mois après son veuvage ». Nous n'avons pas l'honneur de connaître M. Gey ; c'est, ainsi que nous le dit M. Lafont, un homme sérieux et intelligent ; aussi, nous permettrons-nous d'insister sur ce point délicat, parce que il a une importance considérable.

Qui connaissait ce détail : Georges Gey, et lui seul, puisque il est le seul survivant de la famille ; il connaissait ce détail, mais il l'avait oublié au point qu'il lui a fallu un certain temps de réflexion pour se le rappeler. Si lui-même avait assisté à la séance du 23 juin, le médium n'aurait pu trouver ce renseignement dans la mémoire normale de M. Gey, pour lequel le mot remarié implique l'idée d'une formalité administrative et officielle. Si, d'autre part, une personne du groupe ou le médium lui-même avait fait le voyage de Dijon pour aller se renseigner auprès de lui, devant l'indiscrétion d'une telle démarche, M. Gey aurait probablement répondu : occupez-vous de vos affaires.

Dès lors se dresse l'hypothèse spirite. Elle prend ici une consistance, une force telle, qu'insister pour en faire admettre une autre paraîtrait simplement ridicule. Toutes les observations psychosystématiques de la science incertaine ne peuvent rien contre un tel faisceau de preuves, ces preuves que Laplace voulait proportionnées à l'étrangeté des faits.

« Nous sommes, ajoute l'illustre astronome, si éloignés de connaître tous les agents de la nature et leurs modes divers d'action, qu'il ne serait pas philosophique de nier les phénomènes uniquement parce qu'ils sont inexplicables dans l'état actuel de nos connaissances. Seulement, nous devons les examiner avec une attention d'autant plus scrupuleuse qu'il paraît plus difficile de les admettre ».

S'il était venu au monde avec un siècle de retard, les nouvelles théories spirites auraient donné à Laplace l'explication de certains de ces phénomènes, et l'expérimentation lui aurait démontré l'exactitude de ces théories, car à l'inverse des savants actuels, il avait l'esprit ouvert à toutes les nouveautés.

Remarquons, enfin, que l'esprit avait dit être mort, la 1re fois à Pesmes, la 2e fois à Dijon ; ses souvenirs se précisèrent à la deuxième incarnation.

Le cheminot

Dans le courant de l'après-midi du 12 août 1906, Etienne Dubuisson, employé à la Cie des chemins de fer du Nord, se trouvait au dépôt des bagages en souffrance de la rue des Poissonniers, où était également installé un Economat, à l'usage des dits employés,

La chaleur était accablante ; aucun souffle d'air ne rafraîchissait l'atmosphère. Indisposé par cette température insupportable, se sentant mal à l'aise, Dubuisson descendit à la cave, espérant y trouver un peu de fraîcheur.

Au bout d'un long moment, ses camarades ne le voyant pas remonter, allèrent voir ce qu'il faisait ; ils le trouvèrent assis sur des caisses, la figure congestionnée, le cou enflé, respirant avec peine.

« Eh bien, quoi, ça ne va pas, mon vieux ? qu'est-ce que t'as ? »

Il répondit difficilement : « oh ! ma tête, ma tête ! ah ! j'ai chaud ! »

Il habitait dans le voisinage, cité Marcadet n°
18 ; en toute hâte on l'y transporta ; le
médecin appelé diagnostiqua une congestion
cérébrale et prescrivit des compresses de
glace. Aucun soin ne put enrayer les progrès
rapides du mal, et Dubuisson mourut deux
jours après.

Il était né à Vesoul le 7 novembre 1854.
Venu de bonne heure à Paris, il y occupa
différents emplois, se maria avec une jeune
fille de la Suisse, Louise Riéder, plus jeune
que lui de douze ans. Elle était, depuis 18 ans,
cuisinière chez M. Lumas, employé à la Cie
du Nord, demeurant 3 rue Custine ; grâce à
lui, Dubuisson fut embauché à la Cie. De ce
mariage naquit une fille, Jeanne, qui, plus
tard, épousa un individu d'assez mauvaise
conduite, une de ces fortes têtes qui ne
cessent de maugréer contre les patrons ;
néanmoins, son beau-père finit par le faire
entrer à son tour à la Cie d'où il fut renvoyé
en 1910, au moment des grèves. Lorsqu'il
s'était marié, en 1906, il habitait rue
Championnet.

Après la mort d'Etienne Dubuisson, sa
femme, sa fille, son gendre, ainsi qu'un petit
garçon, Jojo, né du mariage de ces derniers,
quittèrent Montmartre et vinrent habiter une
maison ouvrière de la rue Bout-du-Rang, n°
3, à Gentilly. Des scènes continuelles,
provoquées par l'inconduite et la brutalité du

gendre, s'élevaient parmi eux jusqu'au jour où, abandonnant sa femme, alors enceinte de son neuvième enfant, le gendre partit on ne sait où.

Cela se passait au début de 1921. Les deux femmes quittèrent bientôt Gentilly et vinrent habiter Paris, à l'hôtel de la Renaissance, 5, rue de Bièvre.

Au mois de décembre, elles reçurent une visite qui les intrigua beaucoup.

Un monsieur âgé, M. Chadefaux, ancien magistrat, se présenta à Mme Dubuisson, lui demandant si elle était bien la veuve d'Etienne Dubuisson, ancien employé de la Cie du Nord, mort dans telles et telles circonstances, comme nous les avons mentionnées plus haut.

« Oui, dit Louise Dubuisson, tout ça est exact ; mais comment le savez-vous ?

— Eh bien, mais c'est votre mari qui nous l'a dit ! »

Stupéfaction de la bonne femme qui se demanda tout d'abord si elle n'avait pas affaire à un fou ; mais devant le ton calme et posé, l'attitude sérieuse de son interlocuteur, elle se risqua à demander des explications :

« Comment ? c'est mon mari qui vous a dit ça ? mais il est mort depuis 15 ans !

— Ça ne fait rien, il nous l'a dit tout de même, riposta imperturbablement M. Chadefaux. »

Pour le coup, Louise Dubuisson n'y était plus. Il fallut lui expliquer, très longuement, comment, dans une maison d'Auteuil, au cours d'une séance spirite, un médium avait incarné un esprit qui avait donné les renseignements en question et manifesté le désir qu'on prévint sa femme. C'est lui qui avait indiqué la rue du Bout-du-Rang, où M. Chadefaux s'était tout d'abord présenté ; là, on lui avait appris le déménagement des deux femmes et leur nouvelle adresse à Paris.

Le spiritisme !... le médium !... incarné !...

La veuve était de plus en plus désorientée. Néanmoins elle reconnut que tout ce qu'on lui avait dit concernant l'histoire de sa vie, celle de son mari, de son gendre, de ses petits-enfants, était rigoureusement exact.

Et elle revenait toujours à ces mots cabalistiques, tout pleins de mystère et d'inconnu : spiritisme... médium...

M. Chadefaux dut expliquer comment on était parvenu à recueillir ces renseignements, par la voix d'une personne qui les ignorait entièrement, et qui, à son réveil, avait vu le défunt et en avait donné le signalement suivant :

« Grand, mince, cheveux noirs, moustache brune, fournie, parait avoir de 47 à 50 ans. Il porte une salopette et est coiffé d'une casquette avec les initiales C.N. Il pousse un chariot où sont empilés des paquets, des marchandises. Etienne. Je vois un autre nom à l'envers : nossiubuD. Il a dû mourir presque subitement, 15 août 1906. Cité Marcadet. Vesoul, Haute-Saône. Gentilly, maison ouvrière, rue Bouturand. Je vois des rues en pente, des pavés, de vieilles maisons. Une rue neuve : il y a eu des travaux dans cette rue, des maisons démolies ».

A propos de ces travaux, l'esprit avait précisé que la cité Marcadet avait été ultérieurement démolie pour faire place à la rue Léon ; il avait dit, en outre, qu'il avait été garçon de magasin chez un marchand de chaussures du boulevard de Clichy, M. Michel ; Louise Dubuisson rectifia en disant que celui-ci était le fournisseur de chaussures au petit personnel de la Compagnie. Elle montra à M. Chadefaux son livret de famille et celui de sa fille : tous les renseignements étaient d'une exactitude rigoureuse, à l'exception du nom du gendre qui s'appelle P... et non Fortin, comme l'avait prétendu à tort le défunt beau-père.

La veuve fut invitée à assister à la réunion suivante ; voici le résumé du procès-verbal qui rend compte de cette visite :

Séance du 18 décembre. — Mme Dubuisson, priée par notre président de vouloir bien venir à la villa Montmorency, assiste à la séance. C'est avec une profonde et bien compréhensible émotion qu'elle écoute la lecture du procès-verbal ; celui-ci évoque les souvenirs de toute son existence laborieuse, douloureuse et honnête ; ces souvenirs lui rappellent les dures heures d'autrefois, la lutte continuelle contre l'adversité, les deuils cruels. Son émotion est intense, et tous ses efforts s'appliquent à la contenir. Raidie sur sa chaise, muette, sans un mouvement, elle écoute avidement, étonnée de tant de précisions. Et lorsqu'on lui demande si elle veut communiquer avec son mari, elle fait un geste affirmatif et reconnaissant.

Le médium incarne à nouveau l'esprit de Dubuisson. Celui-ci presse affectueusement les mains de sa femme, dans un geste de protection et d'amour. Il s'efforce de l'encourager par des paroles consolantes, lui rappelle les souvenirs d'un lointain passé, leur union qui eut ses heures de félicité et de dur labeur ; leurs longs efforts pour vivre honnêtement et élever la petite famille.

Il s'intéresse à l'avenir des enfants de sa fille, demande qu'on leur vienne en aide. M. Bourniquel déclare que les renseignements qu'il a pris sont bons à tous les points de vue. M. Delanne, président, décide de faire, en fin de séance, une collecte qui a produit la somme de 67 francs et que l'on remet à Mme Dubuisson.

Celle-ci ne cherche plus à retenir ses larmes ; la scène est pathétique au plus haut point ;

les assistants sont vivement impressionnés et tous les yeux sont humides. On sent que l'on vient de faire un acte d'humanité, de justice et de réparation.

— On a demandé à Mme Dubuisson si elle se rappelle un tremblement nerveux qui agitait tout à l'heure la main du médium, et si son mari avait ce tremblement :

— « Oui, répond-elle, ça lui arrivait souvent.

— Et le nom de Jojo, que votre mari a prononcé, à qui appartient-il ?

— C'est le nom de mon petit-fils, l'aîné, le seul que mon mari ait connu ; c'est un enfant qu'il aimait beaucoup ».

Après la séance, on demande une dernière fois à Mme Dubuisson si elle confirme à nouveau les renseignements ci-dessus ; elle déclare les confirmer en tous points, sauf le nom de son gendre qui était P... et non Fortin. On lui demande si elle a été l'objet d'une enquête quelconque qui aurait eu pour but de s'enquérir de renseignements qu'on aurait ensuite apportés en séance comme provenant de l'esprit du mort. Elle répond que jamais personne, sauf le monsieur âgé (M. Chadefaux) n'est allé se renseigner auprès d'elle. Elle déclare, en outre, qu'elle n'a jamais vu aucune des personnes qui sont autour d'elle, et elle signe le procès-verbal avec tous les membres du comité.

I.a secrétaire sténographe :
Jeanne Laplace.

Complément d'enquête. — Voici, d'autre part, le rapport de M. Chadefaux relatif aux différentes démarches dont il avait été chargé après la première séance.

Paris, le 10 décembre 1921
Sur la demande de notre cher président M. Delanne, je me suis livré aux recherches concernant les révélations de l'esprit de Etienne Dubuisson.
Voici le résultat de mes investigations :
1° A l'ancien n° 18, cité Marcadet, actuellement rue Léon, 43, Mme Podevin, concierge depuis 1902, se rappelle avoir eu autrefois des locataires du nom de Dubuisson et deux employés du chemin de fer du Nord, sans pouvoir préciser davantage. Aucun registre. Le propriétaire est décédé.
2° Aux n° 2, 3, 4, 6 et 8 rue Custine, M. Lumas inconnu.
3° à Gentilly, rue du Bout-du-Rang, n° 3, cité ouvrière, Mme Cygrand, gérante, me fait connaître qu'elle a eu, en effet, comme locataires depuis 1914 la femme P... (et non Fortin) mère de 9 enfants, 7 encore vivants, et la mère de celle-ci, veuve Dubuisson. Abandonnée par son mari, au commencement de l'année courante (1921) la

femme P... est partie vers cette époque, et sa mère depuis un mois environ.

4° Rue de Bièvre, 5, à Paris, hôtel de l'Espérance, chambres 9 et 10, je trouve la veuve Dubuisson et sa fille, laquelle allaite son dernier enfant. Leurs réponses à mes questions confirment le récit de l'esprit, Etienne Dubuisson, sauf que le gendre s'appelle P... et non Fortin. Elles ne savent pas ce qui a pu lui suggérer ce nom de Fortin. Il y a aussi deux erreurs de domiciles. Sur les livrets de famille que, sur ma demande, elles m'ont représentés, j'ai relevé textuellement ce qui suit :

a) Livret de famille d'Etienne Dubuisson : Dubuisson Etienne, né le 19 décembre 1854 à Vesoul (Haute Saône) garçon de magasin à Paris, fils de Jean Pierre et d'Apolline Equé :

Marié à Paris (7e arrondissement) le 2 juin 1881, avec Marie-Louise Riéder, cuisinière, née le 10 janvier 1859 à Villiers-le-Grand, canton de Vaud (Suisse).

Dubuisson Etienne, décédé le 15 août 1906 à Paris (18e arrondissement) cité Marcadet, 18. Enfants vivants : 1° Dubuisson, Paul-Frédéric né le 7 mars 1883 à Paris (7e arrondissement) demeurant actuellement 57 rue Léon ; 2° Dubuisson Jeanne Louise, née le 26 décembre 1887, à Paris, rue Ambroise Paré, 2 (hôpital Lariboisière).

b) Sur le livret de famille d'Emile P... (son Etat-civil, ses neuf enfants, etc...)

5° D'après la veuve Dubuisson, les époux Lumas chez lesquels elle a été cuisinière 18 ans (même après son mariage) habitaient 17 et non 3 rue Custine. M. Lumas était chef de l'Economat au chemin de fer du Nord.

L. Chadefaux. »

Observations. — Cet esprit d'après ses propres déclarations, a dû faire un grand effort pour retrouver sa maison, car le quartier a subi, depuis sa mort, des transformations importantes mentionnées dans le rapport si consciencieux de M. Chadefaux.

Voici un extrait du Procès-Verbal, relatif à ce fait :

« Je ne savais pas me reconnaître, nous a dit Etienne ; j'ai monté la rue au moins vingt fois. J'ai vu enfin mon ancienne maison, les démolitions, la rue bouchée ; il a fallu qu'on me montre tout ça pour que je puisse me reconnaître.

Qui vous a montré tout ça ?

— C'est un vieux. »

L'esprit donne à ce moment un signalement auquel nous reconnaissons notre guide Camillo ; il dit qu'ils ont refait ensemble tout le chemin, qu'ils sont allés à la Compagnie du Nord, qu'ils ont vu les incidents de la grève ; on lui a fait voir que son gendre n'y était plus ; il a été chez les anciens patrons de sa femme, puis à Gentilly, chez sa fille. « Le vieux, dit-il, ne m'a pas quitté. »

Ce récit nous montre, une fois de plus, que la mentalité des morts ressemble étrangement à celle des vivants. Etienne Dubuisson, qui a suivi sa femme à Gentilly, est resté dans l'ignorance des transformations survenues dans son ancien quartier, et lorsqu'il y revient, il ne s'y reconnaît plus. C'est exactement ce qui se serait produit de son vivant si, étant parti pour un long voyage qui aurait duré plusieurs années, il avait trouvé, en rentrant chez lui, des maisons nouvelles qui n'existaient pas à son départ : il aurait eu de la peine à se reconnaître ; peut-être eût-il été obligé de se renseigner auprès des agents, comme il le fit avec Camillo. Celui-ci a réveillé les souvenirs de l'esprit en développant devant lui des clichés qui se déroulent à la façon d'un film cinématographique : c'est le système de la pensée créatrice reconstituant le passé.

Autre particularité à remarquer ; ce sont les lettres C. N. que le médium a vu sur la casquette d'Etienne et qui désignent certaines catégories d'employés de la Compagnie du Nord, alors que le personnel de cette Compagnie porte, en général, le mot Nord brodé sur la casquette.

Mme Dubuisson nous a confirmé l'existence de ces 2 lettres sur celle que portait son mari.

Les erreurs de détail relevées ici, comme dans la plupart de ces manifestations, sont très compréhensibles, provenant de la mémoire incomplète et affaiblie d'une personne morte depuis plusieurs années ; elles deviennent, au contraire, inexplicables, dès que l'on invoque les facultés de la cryptesthésie, facultés omniscientes qui ne peuvent pas se tromper et ne connaissant pas les lacunes.

L'Auvergnat

Séance du 19 février 1922, villa Montmorency. — Ce jour-là c'est un enfant de l'Auvergne qui nous a visité ; voici un extrait du compte rendu sténographique qui le concerne :

« Le médium semble souffrir beaucoup ; il y a contraction des muscles, le faciès est douloureux ; le médium semble paralysé d'une moitié du corps et atteint de raideur dans les muscles ; tension des artères à la tempe et au cou ; déformation des traits.

Les docteurs présents sont invités à examiner l'état pseudo-cadavérique du corps. M. Bourniquel indique un nouveau procédé, dicté par Camillo, pour dégager le corps du médium ; il consiste à diriger l'extrémité des dix doigts sur le creux de l'estomac. Le médium est immédiatement dégagé.

« Où suis-je ?... Je ne suis pas bien, oh! non !... ça me serre...

— Etiez-vous en bonne santé avant de venir ici ?

— Oh ! bonne santé ? comme un vieux !

— Il faut vous rendre compte que vous n'avez plus votre corps.

— Je le sais ; ou me l'a dit avant de venir.

— Alors, vous êtes au courant.

— Je ne sais pas si je suis au courant, mais je ne comprends plus rien.

— Comment vous appelez-vous ?

— Antoine... Antoine Vacher.

— Quel âge avez-vous ?

— 71 ans.

— Quel est votre métier ?

— Je m'occupais des engrais pour la terre ; je travaillais la terre ; je préparais des engrais.

— Où ça ?

— Chez nous... à Seychalles (Puy-de-Dôme), du côté de Clermont, dans l'Auvergne.

— Donnez-nous le nom de votre femme !

— Anne Archambert, femme Vacher.

— Est-elle toujours en vie ?

— Je suis mort le premier ; quand elle est morte, je suis venu la chercher.

— En quelle année êtes-vous mort ?

— En 1881, le 14 août.

— La date de votre naissance ?

— 1808, en novembre, je crois.

— Aviez-vous des enfants ?

— Oui, trois filles ; elles sont avec moi. Je travaillais les terres de la sucrerie de Beauséjour ; culture des betteraves. Il y a aussi Chauriac. Du reste, l'usine existe encore ; à Chauriac, une de mes filles était placée chez M. Daumisaille, député de la Creuse, vous savez bien, celui qui a créé la ferme-école ; (on remarque un tremblement accentué des mains du M).

« Deux de mes filles se sont mariées ; leurs maris sont morts ; elles n'avaient pas d'enfants ; elles s'appelaient Marie, Antoinette, et Jeanne. Je suis mort tout d'un coup. J'ai eu des attaques ; d'ailleurs, il m'est resté un tremblement dans la main droite, un peu de paralysie ; je ne saisissais plus rien de la main gauche.

— A-t-on fait appeler le médecin ?

— A mon âge, on n'a pas besoin de médecin ; il n'y en avait pas chez nous ; nous n'étions que 500 habitants. Il y en a à Clermont. Je suis mort à 73 ans. Vous voyez ma femme. ? Elle est avec moi.

— Nous ne la voyons pas ; mais tout à l'heure, elle se montrera au médium qui nous la dépeindra.

— Ma femme était cousine de l'évêque de Cahors ; elle est morte à 97 ans, en 1909. Je ne sais plus quel mois. Je suis allé la chercher et maintenant nous sommes ensemble.

— Qu'avez-vous fait depuis votre mort ?

— Je suis revenu là-bas tant que ma femme vivait. Je savais que j'étais mort ; ça me plaisait de revenir ; alors, vous croyez que l'on passe toute une vie sans revenir chez soi ? J'ai été pieux, j'allais à l'Eglise, j'ai fait mes devoirs de chrétien : eh bien ! je suis revenu à l'Eglise.

— Avez-vous rencontré le ciel et l'enfer ?

— Je ne trouve pas que c'est l'enfer ici, mais si je n'avais pas pu retourner chez moi, ça aurait été l'enfer pour moi. Je suis allé aussi dans les fermes. De mon vivant, il y a longtemps, je suis allé à Paris pour exposer les bœufs du duc de Mauriac au concours... comment appelez-vous ça ?

— Agricole.

— M. Delanne. — Voyez-vous d'autres personnes de votre village mortes comme vous ?

— Oui, il y en a beaucoup ; eh bien, on se promène toute la journée.

— Et la nuit ?

— Je ne vois pas de nuit. Nous causons, nous nous occupons des récoltes.

— Vous pensez encore à gagner de l'argent ?

- De l'argent ? ce n'est pas dans ce but... le plaisir du paysan, c'est de voir des champs bien garnis et le travail de la sucrerie ; ah !

ils ne sont plus comme de mon temps ! ce sont des apaches, on ne peut rien changer à leurs idées ; ils ne veulent plus de patrons ; voilà le nouveau régime.

— Voyez-vous, d'autres esprits ?

— Oui, comme sur la terre ; il y en a qui ont de beaux vêtements ; moi je suis un paysan, j'ai un col rabattu ; les autres ont des cols raides. Voyez-vous ma toque ?

M. Pierre Maillard. — Connaissez-vous d'autres sucreries dans les environs ?

— Beaucoup plus loin, mais la nôtre, c'est la plus importante. Pont-du-Château. Ma fille était placée là, c'est la Marie.

M. P. Maillard. — Ces engrais vous les preniez à l'usine ?

— On les faisait avec les feuilles et avec les betteraves qui ne pouvaient pas servir ».

Vision. — Je vois un homme fort, vieux, rasé complètement, les lèvres rentrées, les épaules larges ; de grosses mains, il a dû travailler très dur. Antoine Vacher ; il paraît avoir 70 ou 75 ans ; mort le 14 août 1881. Seychalles (Puy-de-Dôme). Une autre date : 1808. Je vois de la poudre comme du marc de café ou de la chicorée, sur une pelle (engrais). Sucrerie Beauséjour. Il porte un grand béret ; je le vois avec une femme très vieille ; il doit souffrir des jambes, car il marche difficilement. Anne Archambert 1909 ; ce doit être sa femme. »

Première enquête. — M. Le Loup de Sainville fut chargé de vérifier ces déclarations ; il fît diligence et put arriver à établir son rapport dans la quinzaine suivante, en y joignant deux pièces officielles.

Département du Puy-de Dôme. Arrondissement de Thiers. Mairie de Seychalles. Etat-Civil.
RÉPUBLIQUE FRANÇAISE.

ACTE DE DÉCÈS
Le quatorze août mil huit cent quatre-vingt-un, cinq heures du matin, VACHER Antoine, soixante et onze ans, cultivateur, domicilié à Seychalles, époux d'Anne Archimbaud, fils de feu Vacher Jean et de défunte Courty Jeanne, est décédé à Seychalles. Dressé sur la déclaration de Vacher Jacques et Vacher Louis, l'un et l'autre, frères du défunt.
A Seychalles, le 4 mars 1922. Pour le maire et l'adjoint absents. Le conseiller délégué.
(Cachet de la mairie)

La 2e pièce est l'acte de décès, avec les mêmes entête, signature et cachet, constatant que :
« Le douze novembre mil neuf cent sept, quatre heures du soir, Archimbaud Annette, quatre-vingt-onze ans, sans profession, née à Saint-Julien de Coppel, demeurant à

Seychalles, veuve de Vacher Antoine, fille des défunts Archimbaud Benoît et de Grimard Michelle, est décédée à Seychalles, sur la déclaration de Vacher Jean, cultivateur, gendre de la défunte, et de Tarragnat, Joseph, garde-champêtre. »

D'autre part, une lettre d'envoi du secrétaire de mairie déclare que le ménage Vacher avait 4 filles :

1° Vacher Jeanne épouse Laire Jean, demeurant à Seychalles ;

2° id. Miette, célibataire, résidant à Paris ;

3° id. Marie, épouse Coissard, demeurant à Saint-Julien de Coppel ;

4° id. Mariette, décédée.

Enfin, rapport de M. de Sainville :

Première enquête au sujet de l'incarnation du 19 février 1922 :

« L'entité incarnée a déclaré, en résumé, se nommer Antoine Vacher né en 1808 à Seychalles, Puy-de-Dôme, mort à Seychalles le 14 août 1881, à 71 ans ;

Sa femme, Anne Archimbert, morte en 1909 à 97 ans, était cousine de l'évoque de Cahors ;

Le ménage a eu trois filles, mortes sans enfants : Marie, Antoinette et Jeanne ;

Antoine Vacher travaillait sur la propriété et à la sucrerie de Beauséjour, appartenant au duc de Mauriac ;

Sa fille Marie était placée à Chauriac, chez M. Daumirail, député de la Creuse.

Des renseignements ont été cherchés en différents annuaires et demandés par lettres au secrétaire de mairie de Seychalles ; au secrétaire de la Préfecture du Puy-de-Dôme ; à l'archiviste de l'Evêché de Cahors ; à l'archiviste de la Chambre des Députés. Nous leur sommes infiniment reconnaissants de leur courtois empressement à nous renseigner, ce qui nous a permis de mener à bien cette enquête si importante au point de vue métapsychique.

Les résultats (à compléter) sont en partie exacts et fort intéressants, malgré certains points indiquant une perte ou une déformation de la mémoire de l'entité.

Le village de Seychalles existe bien (canton de Lezoux) 670 habitants, mais aucune propriété ou sucrerie de Beauséjour ne semble exister dans l'arrondissement. Le nom du duc de Mauriac y semble inconnu. Cependant une commune voisine porte le nom de Beauregard (Beauregard l'Evêque, situé dans l'arrondissement de Clermond-Ferrand à 6 kilomètres du Pont-du-Château ; il y a aussi arrondissement de Riom, Beauregard-Vendon, 766 habitants ; mais nous supposons que la sucrerie de Beauséjour se trouve dans la commune de Bourbon, près Clermont ; M. Herscher, administrateur (N.D.L.R.), 4 kilomètres de Seychalles. (Ce nom aurait pu donner lieu à confusion dans la mémoire d'Antoine Vacher).

Celui-ci, d'après l'acte de décès, est bien mort le 14 août 1881 à l'âge de 71 ans (l'esprit avait dit 73 ans).

Sa femme est Anne Archimbaud et non Archimbert. Elle est morte le 12 novembre 1907, à l'âge de 91 ans (l'esprit avait dit en 1909, à 97 ans).

Il avait prétendu que sa femme était cousine de l'évêque de Cahors ; l'acte de décès indique qu'elle était fille de Archimbaud Benoît et de Grimard Michelle. Or un Evêque de Cahors, du nom de Grimardias, a occupé ce siège épiscopal de 1866 à 1896, à la date où nous devions le rechercher, en contemporanéité des époux Vacher. L'entité a donc eu le souvenir du cousinage de sa femme avec l'Evêque de Cahors, avec une déformation de mémoire du nom de cet Evêque. Il sera utile de rechercher l'exactitude de cette parenté.

Le village de Chauriac, où aurait été placé Marie Vacher, s'appelle en réalité Chauriat, très voisin de Seychalles.

Le député Daumirail est complètement inconnu aux Archives de la Chambre des Députés où les recherches ont été faites pour toutes les législatures et tous les départements.

Enfin, Antoine Vacher aurait eu 4 filles et non 3 ; une seule, Mariette, serait décédée.

Le secrétaire de la Préfecture de Clermont interrogé sur les noms de Beauséjour et Mauriac n'a pas répondu.

Le Loup de Sainville ».

56, rue N.D. de Lorette

Avant d'aller plus loin, notons encore que M. Pierre Maillard, ingénieur des Arts et Manufactures, qui connaît parfaitement toutes les manipulations de l'industrie sucrière, nous a certifié que les déchets de betterave étaient en effet utilisés pour la fabrication des engrais.

Séance du 4 mars. — Le médium est pris par l'esprit de Camillo.

M. Delanne. — Pouvez-vous nous dire pourquoi l'esprit de Vacher qui a cité des faits très nets, semble avoir perdu la notion de bien des choses ; il nous a dit, par exemple, que ses filles étaient toutes mortes. Il ne voyait donc pas à Seychalles, où elle habitait, Jeanne, son aînée ?

Camillo. — L'esprit ne se rend pas toujours compte et il lui arrive de confondre un incarné avec un désincarné.

— Pouvez-vous nous le faire venir ?

— Oui, je vais céder ma place ».

Questionné, Vacher déclare qu'il ne se rend pas toujours compte, et qu'il lui arrivait parfois de ne pas pouvoir converser avec ses filles : il ne peut donner que le nom de trois de ses filles. Il apporte des précisions :

« Un de mes gendres s'appelait Coissard, à Saint-Julien de Coppel.

— Et votre fille Jeanne ?

— Elle a épousé Jean Laire.

— Et votre femme, vous avez dit qu'elle s'appelait Archimbert ; cherchez bien.

— Archimbaud ; elle était petite cousine de l'évêque de Cahors. Ma belle-mère s'appelait Michelle... Mardias... Vous savez que, quand ma femme a été morte, je ne suis pas restée là ; mes filles n'ont pas été gentilles, il n'y a que la Marie ; elle doit être vieille maintenant, elle est née en 1850 ».

Sur tous les autres points, Vacher commit les mêmes erreurs que précédemment. Il était évident que ces parties-là restaient obscures pour sa mémoire faillible.

M. de Sainville se procura le bulletin de naissance de Marie Vacher : elle était née, comme l'avait dit son père, en 1850, le 24 juillet.

Observations. — Les déclarations de Vacher, dans cette deuxième séance, sont de peu d'intérêt et n'ont, à notre avis, aucune valeur probante, pour la bonne raison qu'une enquête avait été faite entre le 19 février et le

24 mars et que lecture en avait été donnée au début de cette dernière séance du comité. En l'absence du médium, bien entendu, mais cela n'exclue pas l'idée de subconscience. Nous nous sommes faits une règle d'accueillir cette hypothèse toutes les fois qu'elle était admissible ; et cela nous parait l'être pour cette séance du 4 mars.

Mais il n'en est pas de même pour celle du 19 février.

L'enquête, très consciencieuse de M. de Sainville, a mis en lumière tout ce qu'il y avait de vraiment remarquable dans la manifestation de cet inconnu.

De tout ce qu'a dit ce dernier, une seule chose était connue de l'un de nous : c'est la fabrication des engrais au moyen des déchets de betterave.

Si nos contradicteurs veulent se servir de ce fragile point d'appui pour en déduire qu'il y a un lien étroit entre la fabrication des engrais et les noms, dates et faits fournis par l'esprit, y compris, révérence parler, Mgr. l'Evêque de Gahors, nous nous refusons à les suivre jusque-là, et, en attendant mieux, nous gardons notre conviction.

S'il était mort, ça se saurait

A la fin de la séance du 5 mars 1922, Albertine dit qu'elle entendait une voix qui lui parlait et, par phrases entrecoupées, elle donna quelques renseignements assez vagues :

«Edouard Bréga 2 avenue... 1910. Crise d'albumine. Caducée. Pharmacie. 62 ans. Mois de juillet ; 2 enfants : Henriette, Charles ; ma femme : Hélène. »

Supposant qu'il s'agissait d'un esprit qui voulait se manifester, nous remîmes à plus tard son incarnation. Elle se produisit quinze jours après.

Séance du 19 mars, villa Montmorency. — On demande à Camillo s'il ne serait pas possible aux esprits supérieurs d'aider les esprits peu évolués avec des passes magnétiques, ou autrement. Par exemple, Vacher ne se souvient pas de ses filles ; il les croit mortes et elles sont vivantes ; ce sont là des points obscurs que nous cherchons à élucider. Camillo répond que ces lacunes sont imputables au cerveau du médium, et à la difficulté qu'éprouve celui-ci à nous faire comprendre, à nous transmettre la pensée des désincarnés ; cela est inévitable et nous nous heurterons toujours à cet écueil.

Le médium entre ensuite en agonie ; quand celle-ci est terminée, Albertine est dégagée toute seule, contrairement à son habitude. On commence à la questionner.

« Savez-vous qui vous êtes ? Vous rendez-vous compte de votre situation ?

— Oui ; je suis bien mort.

— Qu'est-ce que vous avez eu ?

— De l'albumine. (Le médium se mord l'extrémité des doigts).Tout mon état général est mauvais ; je sais bien comment je suis.

— Qui vous a soigné ?

— Mon vieil ami le docteur Hambert (Tous les noms sont changés.). J'ai soif.

— Savez-vous ce qu'il vous donnait pour combattre cette albumine ?

— Beaucoup de lait, mais c'est tout. Je n'ai voulu rien faire. J'avais 62 ans, mon nom est Edouard Bréga. Je suis pharmacien.

— Où habitiez-vous ?

—A Paris, rue D..., n° 2 ; ma boutique fait le coin, en face de l'église.

— En quelle année êtes-vous mort ?

— En 1910. Ma femme s'appelait Louise Romeau ; j'avais deux enfants, un garçon et une fille ; Charles 18 ans ; Henriette, 15 ans. J'étais Picard ; de Guise, (le médium prononce: Gui-se) Aisne. Ma femme était parisienne ; elle était orpheline. Elle avait été adoptée par M. Rolantin, un artiste peintre ; il avait fait des travaux pour Napoléon III, des peintures aux Tuileries. J'avais deux employés : Dupoix, qui était mon préparateur et Vincent, le second.

— Savez-vous ce qu'ils sont devenus ?

— Je ne sais plus me reconnaître. J'ai beaucoup travaillé ; je passais mes nuits.

J'étais un peu dur ; je n'étais pas très commode. »

Cet esprit donne d'abondants détails sur son ménage, sa situation de fortune, son genre de vie ; il parle surtout de ses deux amis :

« Vous demanderez à mon vieil ami Hambert, le docteur ; chez nous, c'était le refuge des médecins. Il y en avait un autre... attendez. Celui-là avait un nom comme Bamorot ; il habitait, 1, boulevard Pereire.

— Où sont vos enfants, maintenant ?

— Je ne me rends pas compte ; oh ! si vous saviez ! ça ne m'est pas facile et comme je me débats là-dedans (A rapprocher des communications de Mme Piper, dans lesquelles l'esprit qui se manifeste dit qu'au bout de peu de temps, il est comme asphyxié par l'atmosphère terrestre. D'autres disent que la lumière diminue et s'éteint, ce qui les rend incapables de continuer.). J'ai fait mes études à Paris ; mon père était gendarme en retraite, aux environs de Guise.

— Est-ce que vous croyiez à une vie future ?

— J'y croyais, mais je n'étais pas un pratiquant, j'étais plutôt indifférent, je ne me préoccupais pas de ces choses-là.

— Donnez-nous le nom de votre successeur ?

—?....... Quand j'ai eu mon diplôme, j'avais 23 ans ; vous voyez, ça ne date pas d'hier. J'ai fait mon service à..... ,(il ne se rappelle pas) ; quand je suis mort j'avais 62 ans, j'avais de la bronchite, un peu de tout ; j'ai eu une crise d'albumine et ça été vite fait. L'autre médecin qui venait à la maison s'appelait Bamaurot ; nous étions à peu près du même âge ; il était du Cantal. Hambert et lui étaient deux vieux garçons. Ma femme avait un frère qui est mort : Henri Romeau ; il était quincailler, dans le centre. Il a dû mourir 15 ans avant moi. Je croyais que là-haut, on se reposait éternellement. Je voudrais voir mes enfants ; pour moi c'est un tourment ».

On demande ensuite à Camillo si le médium pourrait donner la signature de Edouard Bréga ; Camillo répond qu'il faudra essayer et que si cela ne réussit pas, il faudra recommencer les autres fois. Après la séance, Albertine a tracé avec un crayon de nombreuses signatures et quelques mots illisibles » (Dans nos expériences, que nous continuons, nous nous attacherons particulièrement à obtenir la signature et l'écriture des communicants).

Vision. — « Je vois un homme avec la barbe grise ; les cheveux également gris et touffus ; il paraît 55 — 60 ans ; figure jeune, grands yeux noirs, regard dur ; 1 m. 70 à peu près. Edouard Bréga. J'entends 2 rue D...; Henriette, Charles, mes enfants ; je ne vois pas les enfants avec lui, ils doivent être encore vivants. Je vois une femme tout près de lui ; elle est petite, blonde, ses cheveux sont très clairs, une toute petite figure ; 1 m. 55 ; elle est jolie, très élégante, habillée de satin noir ; elle parait 40 — 50 ans. La mode de la robe est d'avant-guerre (1912 ou 1913). Lucie Romeau ; ce doit être sa femme ; elle me fait voir l'alliance. Albumine ; il me fait voir une ampoule ; il se soignait de cette façon. Docteur Hambert — Docteur Bamaurot — Boulevard Pereire. C'est tout ».

Enquête. — Rapport de M. Le Loup de Sainville.
« Les difficultés de cette enquête ne sont peut-être pas inutiles à narrer pour donner plus de force aux preuves trouvées finalement d'une exactitude presque complète.
La pharmacie existe bien 2 rue D..., mais en l'absence du titulaire, on m'affirme avec insistance que M. Bréga, un de ses prédécesseurs, n'est pas mort ; on sait qu'il a déménagé en banlieue, récemment, mais on l'a vu il y a peu d'années, et s'il était mort depuis peu, cela se saurait à la pharmacie. Cependant, on me dit de repasser pour avoir des renseignements plus précis.
A la mairie du XVIIe, les archives compulsées montrent qu'il n'y a aucun décès Ed. Bréga entre 1903 et 1920, et l'on m'affirme que, même logé hors de

l'arrondissement, un pharmacien du XVIIe doit avoir son décès transcrit. (Dans le cas qui nous occupe cette formalité avait été omise).

Ces premières démarches étaient décourageantes. Néanmoins, je pus joindre le pharmacien de la rue D... ; il m'apprend que ses employés se sont trompés étrangement, et que M. Bréga est bien décédé. Il n'a pas conservé de relations avec cette famille et ignore ce qu'elle est devenue ; il ne peut fournir d'autre renseignement. Il sait que M. Bréga est mort vers 1912, ou peut-être avant, mais il ne peut pas préciser davantage. Il ne connaît ni les docteurs Hambert et Bamaurot, ni les élèves Dupoix et Vincent. Il me signale cependant un ancien élève qui a bien connu M. Bréga et qui doit vivre encore. Il s'appelle M. Vuillaume et il a dû passer par une pharmacie de la rue de L... où l'on pourra peut-être me renseigner.

Rue de L..., le patron connaissait vaguement le nom de M. Vuillaume, disparu depuis longtemps ; mais un employé, questionné, croit se souvenir que ce monsieur habite Pantin et me donne une adresse à peu près exacte.

A Pantin, j'ai enfin trouvé M. Vuillaume et j'ai eu par lui les renseignements les plus complets. Il a été pendant 18 ans le collaborateur de M. Bréga et est resté en relations avec sa famille. D'après lui, M. Edouard Bréga est mort d'albuminerie, au printemps de 1912, la date est imprécise dans sa mémoire. Il a, dit-il, une excellente mémoire pour tout, excepté pour les dates ; ceci est à noter.

M. Bréga, affaibli et malade depuis plusieurs années, avait dû vendre sa pharmacie ; il alla loger à Passy, puis rue de Moscou, où il est mort. M. Vuillaume l'a veillé pendant sa dernière nuit.

Mme Bréga née Louise Bomeau vit toujours. M. Vuillaume a bien entendu parler d'un M. Rolantin, ami de la famille, mais ne sait pas s'il avait élevé Mme Bréga ; on conserve précieusement un vitrail décoratif qui doit être l'œuvre de cet artiste. Le défunt était originaire de Guise (Aisne), mais son père aurait été négociant en grains et non gendarme. Le nom des deux enfants était bien Charles et Henriette.

M. Vuillaume me confirme que le docteur Bamaurat et non Bamaurot était bien l'ami du défunt, célibataire et auvergnat. L'autre docteur est M. Chambert et non Hambert ; il doit être encore vivant. Il y a eu confusion dans les adresses données par le désincarné. Le docteur Bamauratest mort en janvier 1922 dans une clinique.

M. Vuillaume sait que Mme Bréga avait un frère ou une sœur, vaguement, et ne peut rien dire pour M. Henri Romeau, le quincailler ; il a connu l'élève en pharmacie Dupoix qui fut son prédécesseur dans l'officine, mais n'a pas connu M. Vincent.

Les renseignements m'ont été communiqués le 1er avril.

Le Loup de Sainville

Ce rapport est accompagné de l'acte de décès suivant, délivré au VIIIe arrondissement :

Extrait des minutes des actes de décès.

Le trois juin mil neuf cent treize, trois h. et quart du soir, est décédé en son domicile, rue de Moscou, n°..., Louis Edouard Bréga (Rappelons-le : nous avons changé tous les noms de famille.) né à Guise (Aisne) âgé de soixante-quatre ans, sans profession (Il avait vendu sa pharmacie plusieurs années auparavant.), fils de Louis Edouard et de Zénaïde Dauchy, époux de Louise Romeau.

Lecture faite, les témoins ont signé avec nous, etc...

(Date, cachet, signature).

Observations. — Remarquons, d'abord, dans quelles conditions s'est produite cette manifestation : l'esprit se montre au médium à la fin d'une séance où il n'avait pas été question de lui, et il donne ainsi quelques renseignements, exacts pour la plupart. Il semble qu'à ce moment il se tenait déjà dans la coulisse, prêt à entrer en scène. Il s'incorpore dans le médium, à la séance suivante, ce qui laisse supposer que pendant quatorze jours et il ne l'a pas perdu de vue ; il ne le met pas, comme cela se produit habituellement, dans cet état particulier de raideur cataleptique que nous avons appelé état thanatoïde ou thanatomorphe ; contrairement à ce qui se passe presque toujours, le médium peut se dégager seul, sans l'intervention de personne.

Cet esprit, parait plus évolué que les autres ; pour employer un terme usité dans les milieux spirites, il est bien reconnu. On le constate à l'abondance des détails qu'il a donné et que, par discrétion, il n'est pas possible de reproduire tous. Il sait qu'il est mort ; il se rappelle exactement ses nom, prénom, profession et domicile, ainsi que ceux, très approximatifs, des deux médecins qui étaient ses amis intimes, et dont l'un, dit-il, était du Cantal ; il se rappelle son propre pays d'origine qu'il prononce, ainsi que le fît remarquer en séance M. Maillard, comme on le prononce dans l'Aisne : Gu-ise ; il se rappelle également les nom et prénoms de sa femme et de ses deux enfants, ainsi que celui de M. Rolantin ; il se rappelle même avoir été un peu dur de caractère ; une seule chose lui échappe : le nom de son successeur.

Dans cette autobiographie relativement longue, il n'a commis que deux erreurs : une sur la date de sa mort qui survint en 1913 et non en 1910, une sur la situation sociale de son père qui aurait été négociant en grains et non gendarme. Les amateurs de statistique et de pourcentage ont ici de quoi exercer leur talent.

Est-il possible, en vérité, d'attribuer au subconscient une manifestation aussi claire, précise et nette, alors qu'il est facile de prouver qu'aucun membre du Comité ne connaissait M. Bréga ni ses amis ?

Allons plus loin, et quelque superflue que soit cette question, posons-la :

Le médium n'aurail-il pas pu se procurer ces renseignements, préalablement à la séance ?

Disons tout de suite que le médium n'habite Paris que depuis 1916, alors que Bréga est mort en 1913 ; il est donc absolument certain qu'ils ne se sont jamais rencontrés de son vivant. Quant à s'être procuré ces renseignements après le décès de ce dernier, cela lui aurait été extrêmement difficile, si nous songeons aux empêchements rencontrés par M. de Sainville qui ne put apprendre la vérité qu'après plusieurs démarches auprès de différentes personnes ; et si nous songeons, d'autre part, aux réserves faites sur certains points par M. Vuillaume, la personne la mieux renseignée que nous ait révélé l'enquête il aurait été impossible de grouper tous ces renseignements, à moins d'aller les demander à la seule personne au monde qui pouvait les donner, à la veuve de M. Bréga. Or, il nous est facile de prouver qu'à l'heure actuelle cette dame ne connait pas le médium et que le médium ne la connait pas. Nous pouvons en dire autant pour tous les autres membres du Comité.

Il fallut à M. de Sainville un vrai dévouement, un désir sincère de savoir et une ténacité digne d'éloges, pour ne pas se rebuter devant le résultat de ses premières démarches ; que lui dit-on, dès l'abord, à la pharmacie de la rue D... : « M. Bréga ? mais il n'est pas mort ; s'il était mort, ça se saurait, nous le saurions, ici, dans cette pharmacie qui lui a appartenu... » Que lui dit-on, à la mairie du XVIIe arrondissement, dans les bureaux de l'Etat-civil, et après recherches infructueuses : « Pas de décès de Bréga entre 1903 et 1920 ; même mort en dehors de l'arrondissement, nous aurions reçu notification. » Voilà qui est péremptoire.

Avant d'obtenir les renseignements définitifs, l'enquêteur est obligé :

1° D'aller une première fois dans la pharmacie dont M. Bréga était autrefois titulaire ;

2° D'y revenir une seconde fois ;

3° D'aller à la mairie du XVIIe ;

4° D'aller à la pharmacie de la rue L... ;

5° D'aller à Pantin, chez M. Vuillaume ;

6° D'aller à la mairie du VIIIe où il a enfin le témoignage officiel.

Si donc le médium (ou un membre quelconque du Comité) avait voulu mystifier les autres assistants, supposition que nous faisons simplement par nécessité scientifique, il aurait fallu :

1° Qu'il eût connu préalablement Bréga et que celui-ci eût bien voulu lui confier les menus faits qui ont été révélés ; or, étant donné le caractère un peu dur du défunt, il est à supposer qu'il ne devait pas se laisser aller facilement à des confidences avec les étrangers. Au surplus, il y a une chose que Bréga, vivant, n'aurait pu indiquer : la date, même approximative, de sa propre mort ;

2° Ou que sa veuve eût fait ces confidences ; il est facile de s'assurer du contraire ;

3° Ou que M. Vuillaume les eût faites ; ayant été pendant 18 ans le collaborateur du défunt, il était au courant de bien des choses ; mais, de son propre aveu, il n'a pas la mémoire des dates. De plus, certains détails lui échappent : il ne sait pas si M. Rolantin a élevé Mme Bréga ; il dit que le père du défunt aurait été marchand de grains ; que le docteur Chambert doit être encore vivant ; il ne sait rien de M. Henri Romeau, quincailler ; il n'a pas connu M. Vincent. Si donc c'était lui qui avait donné les indications au médium ou à l'un d'entre nous, préalablement à la séance du 19 mars, les mêmes lacunes existeraient dans la communication donnée ce jour-là.

4° Ou qu'un des amis du défunt eût fait lui-même ces confidences ; mais, de ses amis connus, un seul est survivant : le docteur Chambert, et nous allons voir qu'il n'est pas homme à se prêter à une telle combinaison.

Dupeurs on dupés. — En relisant tous les procès-verbaux rédigés au cours de ces intéressantes séances, nous fûmes frappés par cette déclaration de M. Vuillaume : « l'autre docteur est Chambert et non Hambert ; il doit être encore vivant ». M. Vuillaume indiqua même l'adresse probable. Cela nous suggéra l'idée de lui écrire ; nous estimions qu'un médecin étant, par définition, un scientifique, ne pouvait que trouver intérêt à étudier un cas de cette nature, à l'analyser, le disséquer, le soumettre au crible d'une critique serrée, soit pour en constater la valeur probante, soit, au contraire, pour en démontrer l'erreur et fournir, de cette manifestation, une explication conforme à son propre point de vue.

C'est donc en toute bonne foi et avec la plus grande courtoisie que nous lui écrivîmes, en lui indiquant l'origine médiumnique de notre information ; nous lui demandions s'il était bien l'ancien ami de M. Bréga. Nous pensions recevoir une réponse assortie au ton que nous avions pris nous-mêmes, et que l'on considère généralement comme le seul usité entre gens bien élevés.

Il paraît que nous nous étions trompés. Voici la réponse que nous reçûmes :

« Monsieur,

Sur la tombe de Shakespeare se lit l'épitaphe suivante : « Blessed be he that spares these stones. And curs be he that moves my bones » (« Béni soit celui qui respecte ces pierres. Et maudit soit celui qui touche à mes os ».) Paix aux morts, paix aux cendres de mon vieil ami Bréga ! Son état-civil correspond bien à la description que vous m'en avez faite. A mon avis, il émane de l'en-deçà et non pas de l'au-delà. Quant à l'occultisme, il compte deux sortes d'adeptes : les dupeurs et les dupés. Je n'en veux pour preuve que la déclaration faite, au moment de mourir, par Holmes (L'honorable contradicteur confond avec Home.), le plus célèbre des médiums : « j'affirme n'avoir jamais été en communication avec les morts, mais je me suis servi de ce moyen pour agir à ma guise sur l'imagination des femmes. » Ce même Holmes, invité par Napoléon III et sa femme à une séance d'occultisme à Biarritz, se fit surprendre en flagrant délit de caresser avec son pied la joue de l'impératrice dont les mains, cependant, étaient en contact avec celles du médium. A la suite de cet exploit, il fut chassé du palais. Flammarion, dans un récent ouvrage de couleur scientifique, cite des centaines de faits de télépathie très impressionnants à un examen superficiel. Il oublie de rapporter les milliers de faits journaliers dénoncés par notre imagination et qui ne se réalisent pas. Plus récemment encore, un comité de professeurs mit au jour la supercherie d'une femme médium qui s'était acquis dans le monde des dupes une belle célébrité.

Pour toutes ces raisons et d'autres encore très personnelles, je ne puis partager votre foi en la matière. Excusez-moi, monsieur ; je manquerais à la considération que je vous dois et que je vous exprime en vous déguisant ma pensée.

Dr Chambert ».

Ainsi donc, à une simple demande de renseignements, cet homme courtois répond par une brutale déclaration de guerre. Vous êtes dans la rue, vous demandez votre chemin à un passant, il vous envoie un direct à la mâchoire. C'est du beau travail, et le gentleman Carpentier ou le roi du Knock-out Criqui ne feraient pas mieux.

Ne songez plus à défendre vos idées, vous avez déjà fort à faire à défendre votre peau. Taisez-vous ! Méfiez-vous ! méfiez-vous surtout des arguments à la Lloyd-George. C'est ainsi que quelques-uns entendent aujourd'hui la libre discussion, le développement et l'évolution de la pensée purement spéculative !

Donc, le tombeau de Shakespeare porte l'inscription en question. Mais n'est-ce pas Shakespeare qui a entamé le monologue d'Hamlet par ce vers : Etre ou ne pas être, c'est là la question ? N'est-ce pas le même Hamlet qui dit : Il y a plus de choses entre le ciel et la terre, Horatio, que n'en peut concevoir la philosophie ?

Quel dommage que notre correspondant n'ait pas joint ces citations à celle qu'il nous envoie à la façon d'un coup de massue ! A-t-il craint de garnir trop copieusement son assiette anglaise, ou bien s'est-il souvenu (un peu tard) de cette réflexion de Macbeth : « Il y a plus d'âmes qui montent la garde autour de nos mauvaises actions que d'étoiles dans le Ciel »?

Quoi qu'il en soit, nous retenons ceci de son redoutable cartel : c'est que son vieil ami Bréga a bien existé et que son Etat-civil correspond à la description qui en a été faite. Ce témoignage un peu hargneux venant s'ajouter à ceux que nous avons pu grouper constitue une nouvelle preuve de l'existence de l'âme et de son immortalité.

Le pied roturier et la joue impériale. — Notre honorable correspondant n'avait pas hésité, dans sa lettre, à se faire l'écho de ces inventions malveillantes qui, de tout temps, n'ont eu d'autre but que de déconsidérer les médiums les plus sincères ; dans cette campagne acharnée, la foule moutonnière n'a jamais manqué de suivre sans autre examen les champions du mensonge.

Florence Gook, Eusapia Paladino, accusées de fraude, furent justifiées, en leur temps, des inculpations portées contre elles. N'en déplaise à M. le docteur Chambert, nous constatons qu'il en fut de même de Daniel Douglas Home, et non pas Holmes, comme il l'avait orthographié. Les remarquables expériences de Home furent analysées par le Comité de la Société dialectique de Londres, puis par William Croockes, Gabriel Delanne, Gardy, Jones, etc... M. Régnault (Henry Régnault. — « Les Vivants et les Morts », pages 349 et suivantes.) a reproduit des articles publiés par Sevemsonn, Myers, Wallace, démontrant l'ignominie du triste individu qui, sous le pseudonyme de docteur Philip Davis, alias Léo Taxil, forgea de toutes pièces la récit stupide de Home caressant la joue de l'impératrice Eugénie avec son pied nu, au cours d'une séance ; personne n'a jamais pu dire d'une façon précise si le fait s'était passé aux Tuileries ou à Biarritz, ni quels personnages en avaient été témoins.

« Cette histoire, dit M. Sevemsonn, n'a aucun fondement, et on est vraiment surpris qu'il y ait encore quelqu'un pour la rappeler. Elle n'a même pas un commencement de vérité. Toujours, quand on l'a rééditée, on a eu soin de l'entourer du témoignage de personnes mortes depuis longtemps et qui jamais, de leur vivant, n'avaient rien dit ou écrit de semblable ».

Ce procédé est, en effet, fort commode. Il a été assez souvent mis en pratique par certaines municipalités qui, n'ayant pas suffisamment confiance dans le discernement des électeurs, faisaient voter les morts et s'assuraient ainsi la majorité.

Frédéric Myers, voulant éclaircir certains points de la vie de Home, s'efforça en vain de remonter à la source de cette histoire et ne put jamais recueillir aucun témoignage à son appui. La seule chose qu'il découvrit fut une lettre de l'Impératrice datée de 1863, dans laquelle celle-ci remerciait aimablement Home pour l'envoi de son livre : Incidents of my Life. Or la fameuse séance frauduleuse ayant eu lieu, d'après M. Dicksonn, en 1857, comment admettre qu'au bout de six ans, l'impératrice avait totalement oublié cet incident, ces familiarités pédestres, si injurieux pour elle ?

De son côté, Russel Wallace défendit énergiquement Home qui comptait parmi ses amis d'éminentes personnalités scientifiques.

« Durant vingt ans, dit-il, Home a été exposé à l'âpre examen et à la suspicion jamais calmée d'enquêteurs innombrables ; cependant, nulle preuve de tricherie n'a jamais été donnée, et nul fragment de machinerie ou d'appareils jamais découvert. D'ailleurs, les manifestations sont si stupéfiantes que, si c'étaient des impostures, elles ne pourraient être accomplies que par des engins de la nature la plus compliquée, la plus variée et la plus encombrante, et exigeraient l'assistance de plusieurs aides et complices ».

Quant aux paroles citées par le docteur Chambert : « j'affirme n'avoir jamais été mis en communication avec les morts, mais je me suis servi de ce moyen pour agir à ma guise sur l'imagination des femmes », c'est encore de la moutarde après dîner. Home ne les a jamais prononcées, et elles ne furent publiées qu'après la mort du célèbre médium. Le moyen était pratique ; il évitait les démentis.

Maintenant, que nous en avons terminé avec l'affaire Bréga, continuons à passer au crible d'autres identifications.

L'ouvrier en tapis

La manifestation suivante n'offre pas un très grand intérêt, en raison du petit nombre de renseignements qui ont été donnés ; néanmoins, elle relève évidemment du spiritisme le plus incontestable et lui apporte un nouvel appui. C'est à ce titre que nous la mentionnons.

Elle se produisit à la fin d'une séance de la villa, le 8 janvier 1922 ; au moment où la réunion allait prendre fin, le médium dit ceci :

« Je vois : Lafarge, dessinateur, rue Saint-Sauveur. J'aperçois des dessins représentant des objets religieux, vierges, etc...

« Je vois un homme qui semble avoir 70 ans, blanc, très grand, 1 m. 75 environ ; il a les épaules courbées ; il écrit ; c'est un ouvrier ; il dessine ; il montre 1873.

« J'entends : Narcisse François Charles ; Goincourt, 0ise.

Il est décédé en 1873. C'est bien Narcisse François Charles

— Charles est le nom de famille.

« Je vois une femme très vieille, c'est sa femme, Julie Marie Beule ; il y a une petite fille de 4 ou 5 ans.

« J'entends : 1840, Marie Charles à Goincourt ; cet esprit aurait voulu venir ; il écrit Andralem. Je vois : Hélène Charles, institutrice à Beauvais, institution libre, rue Louis Grave »

Le Bottin, consulté nous donne : Goincourt (Oise) 476 habitants à 4 kilomètres de Beauvais.

Mme Lescornez, qui habite précisément rue Saint-Sauveur, n° 99, fut chargée de l'enquête ; elle ne put retrouver la trace dans cette rue, ni ailleurs, du dessinateur Lafarge. Elle reçut, de Goincourt, la lettre suivante :

Mairie de Goincourt (Oise).
Le 2 mars 1922
Madame,
A mon grand regret, il m'a été impossible de connaître l'adresse de Mme Hélène Charles. Depuis la mort de son père ou son grand-père, sa famille l'a perdue de vue. Elle a quitté Goincourt pour aller habiter Paris et voilà le seul souvenir que sa famille a gardé... Veuillez agréer, etc...
Beauvais

Cette lettre établissait l'existence de Mme Hélène Charles, qui est, vraisemblablement, la petite fille qui avait 4 ou 5 ans à la mort de Narcisse ; il s'agissait d'établir l'existence légale des deux époux et la mort du mari ; Mme Lescornez se procura l'extrait du registre des actes de l'Etat-civil de la mairie de Guincourt constatant que :
L'an mil huit cent soixante-douze, le jeudi neuf août à 3 heures du soir, est décédé à son

domicile le sieur Jean François Narcisse Charles, ouvrier en tapis, né le 20 juillet 1820, fils de Jean Charles et Marie-Louise Fosse, époux de Julie Désirée Bélou, âgée de 54 ans, ménagère.

(Date, signature et cachet).

En résumé : un homme du nom indiqué par le médium qui a ajouté deux des prénoms, est mort à Goincourt (Oise) en 1872 et non 1873 (erreur de date) ; il était marié à Julie Désirée Bélou (le médium avait dit Julie Marie Beule) ; le médium a signalé, en outre, une demoiselle Hélène Charles dont l'existence a été confirmée. Si nous avions fait venir Narcisse en incarnation, nul doute qu'il eût donné des renseignements plus complets

Une concierge qui n'aime pas le bruit
Séance du 23 avril 1922, villa Montmorency. — Le médium présente des contractions nettement visibles des muscles du cou ; le côté droit de la figure est complètement déformé. M. le docteur Viguier, invité à vérifier l'état du sujet, fait les constatations suivantes :

Au commencement, de l'incarnation, 120 pulsations.

Pendant la contracture, 114 pulsations.

A la fin de l'incarnation, 96 pulsations.

Pouls normal.

On questionne alors l'entité qui se manifeste ; voici ses déclarations prises par Mlle Jeanne Laplace, en sténographie, et résumées :

« A boire... Marie, ma fille... 38 ans... ; je m'appelle Léonie Parlange.

—Donnez-nous votre nom de jeune fille.

— Qu'est-ce que ça peut vous faire ? Personne ne me le demande. (A ce moment M. Bourniquel fait remarquer que le ventre du médium a pris un volume disproportionné ; il est énormément enflé, comme celui d'une hydropique. M. Bourniquel dit qu'il va faire une ponction pour le dégonfler, et avec son doigt appuyé sur le ventre du sujet, il obtient l'effet désiré). L'entité déclare qu'elle souffrait du ventre ; elle réclame le curé.

« A quelle église faut-il s'adresser ?

— Avenue Victor Hugo ; Saint-Honoré d'Eylau.

— Ecoutez-moi...

— Mais je vous entends ; quand on souffre, on n'a pas besoin d'entendre crier autour de soi, comme vous le faites.

— Eh bien, je vais vous parler très doucement, comme aux malades. Votre mari vit-il encore ? Que faisait-il ?

- Je suis veuve. Il était concierge, au 71, rue de la Pompe, au Syndicat des domestiques. Il était natif de Paris.

— En quelle année êtes-vous morte ?

— Juin 1914. Il y avait une quinzaine d'années que mon mari était mort. J'avais 71 ans. Ma fille n'était pas mariée ; elle fait des chapeaux ; modiste.

— Où êtes-vous née ?

— Dans la Meuse. En voilà des histoires. Pourquoi me demandez-vous tout ça ? Allez-vous-en chez moi. Vous y trouverez ma fille ; c'est une femme sérieuse et pieuse ; elle s'appelle Marie, 38 ans. »

L'entité ne put indiquer le nom de son médecin et se trompa sur le nom de son mari, qu'elle dit être Jean ; l'enquête a révélé qu'il s'appelait Etienne.

Vision. — Comme d'habitude, le médium eut ensuite, à l'état de veille, la vision relative aux événements ci-dessus. En sortant de la séance, un des membres du comité, M. Gatte, demeurant 9, rue Bachaumont, eut la curiosité d'aller vérifier sur place, pour sa propre satisfaction, les détails de cette vision dont il avait eu soin de prendre note. Nous avons mis entre parenthèses les résultats de cette vérification, faite avec le concours de la fille de la défunte.

Le médium dit : « Je vois une femme d'un certain âge, figure jaune, teint de malade, cheveux blancs, coiffée avec deux rubans qui passent sous le menton ; je vois des lunettes avec des verres noirs ; sur les mains, des tâches jaunes. (Tous ces renseignements sont exacts, sauf pour les verres de lunette qui sont blancs. Mlle Parlange me montre un portrait de sa mère et, je puis constater que les détails de la coiffure correspondent en tous points à ceux donnés par le médium. Mlle Parlange est morte à 69 ans).

J'entends : Léonie Parlange. (C'est le nom de sa fille}.

Taille moyenne 1 m 55. Les jupes sont au ras du sol. Elle porte des souliers d'étoile sans talons (Exact).

Elle tient un chapelet dans ses doigts avec gros grains noirs. Il y a au bout une grosse croix de métal. Elle a dû mourir avec. (Exact dans tous les détails}.

Je vois 71 rue de la Pompe. (Elle vivait à cette adresse. Elle y est morte).

J'ai l'impression qu'elle était cuisinière ; je vois des casseroles, il y a autour d'elle beaucoup de cuivre ; j'ai l'impression que ce n'est pas chez elle. (Elle n'était pas cuisinière, mais elle était concierge de l'immeuble dans lequel se trouve une succursale du « Cordon Bleu », cours de cuisine et de pâtisserie).

Enquête. — D'autre part, M. Le Loup de Sainville, chargé de faire l'enquête, nous fit tenir la pièce ci-après :

Ville de Paris. Etat Civil.   Mairie du 16e arrondissement.

Bulletin de décès

Nom …………..…Martinsic

Prénoms……….Marie-Anne

Profession……..Concierge

Agée de ……….69 ans

Née à ………….Réchicourt (Meuse)

Décédée à Paris, le 26 septembre 1908

Fille de Henry et de Marie-Rosalie Houssard.

Veuve de Etienne Parlange.

Délivre à Paris, le …..

(Cachet de la mairie)

A ce bulletin était joint un long rapport dont nous extrayons ce qui suit :

« Enquête sur l'incarnation de Mme Parlange, morte 71, rue de la Pompe, et dont la fille, modiste, demeure comme concierge, faisant suite à sa mère, à la même adresse ; très bon résultat avec de légères inexactitudes seulement, au milieu d'un ensemble excellent. — Dans cet immeuble, il y a une succursale du « Cordon Bleu » cours de cuisine. — Le mari est mort en 1893, concierge de cette maison. Légère erreur au sujet des prénoms qui ont été intervertis : la mère s'appelait Marie et la fille Léonie. Il y a aussi une erreur de date pour le décès : Mme Parlange est morte en 1908 et non en 1913. La fille ne connaît pas que sa mère ait souffert du ventre, mais elle avait en effet le ventre fortement gonflé et proéminent. Elle portait des lunettes pour travailler ; son mari était parisien.

E. Le Loup de Sainville. »

La catastrophe de Melun

On pourrait croire que des communications de ce genre ne peuvent être données que d'une façon très exceptionnelle, par des médiums spécialisés, et après un entraînement de plusieurs années. L'expérience nous a prouvé qu'il n'en est pas ainsi et que parfois, des personnes qui ignoraient leur faculté de médium, ont fourni spontanément, sur des désincarnés inconnus de tous et d'elles-même, des renseignements qu'une identification ultérieure a confirmé. Il arrive assez souvent que des sujets, qui ne s'adonnent pas tout particulièrement à ces recherches, ont des révélations de cette nature ; nous sommes persuadés que le fait serait encore plus fréquent, si les bons médiums n'étaient si souvent sollicités par les familles, naturellement désireuses d'être mises en rapports avec leurs disparus, et n'employaient pas tout leur temps à ces communications intimes.

Voici un cas fort intéressant qui fut noté chez Mme Darget, le 7 juin 1922 ; il nous a été ainsi rapporté par un des témoins, le capitaine B. — Médium : Mme Mariaud.

« Le médium se met brusquement dans un état cataleptique puis, après quelques passes de dégagement, se trouve en transe et donne aux personnes présentes le simulacre poignant d'un corps se tordant dans des souffrances atroces et par des plaintes et des cris répétés :

« Je brûle... j'étouffe... trop tard... » suggère l'idée de quelqu'un mort dans un incendie Cet état dure sept minutes environ, puis, après de nombreuses passes, le calme s'établit et l'entité fait en substance le récit suivant :

« Je suis le capitaine Amic, du 98e régiment d'infanterie, en garnison à Roanne ; je suis mort au milieu d'atroces tortures dans l'accident de chemin de fer de Melun, en 1913. J'ai eu les deux jambes broyées et le corps à demi carbonisé.

« J'étais avec ma femme, née Marie Louise Rouvière. Je n'ai plus de nouvelles d'elle depuis la catastrophe ; je ne sais pas si elle a péri avec moi. Je désire la retrouver. Je suis venu dans ce but, guidé par le neveu du commandant Darget. Je reviendrai si vous le permettez et je vous remercie. »

Pendant l'incarnation, le visage du médium est calme, grave, avec une attitude un peu hautaine. Il parle d'une voix lente, avec mesure, donnant un peu l'impression de préciosité, de correction froide et digne. Le salut militaire qu'il fit au commandant Darget au moment où, sur sa demande, il lui fut présenté, fut fait avec une grande correction et à l'ancienne mode, c'est-à-dire le coude très élevé et la main presque horizontale.

Dans le but de contrôler l'identité de cette incarnation, le capitaine B. de la garnison de Paris, s'est rendu au cercle militaire où il a consulté les annuaires de l'infanterie et il résulte :

1° que le capitaine Amic (Camille Léon) figure bien au 98e régiment d'Infanterie, en garnison à Roanne, pendant les années 1912 et 1913 ;

2° qu'il ne figure pas dans les cadres de ce régiment en 1914, mais que cet annuaire porte au bas de la page dudit régiment sous la mention : officiers rayés des cadres du 1er janvier au 31 décembre 1913 : Amic, capitaine, décédé.

Ce contrôle est précieusement complété par la déclaration suivante du commandant B, de la garnison de Grenoble (non spirite et qui n'assistait pas à la séance). Cet officier a bien connu, à double titre, le capitaine Amic, alors lieutenant stagiaire à la 14e Compagnie du Train des équipages, à Lyon, puis plus tard, après son mariage. Sa déclaration apporte toute la lumière désirable dans la présente enquête, car il contrôle d'une façon indiscutable l'attitude du médium en ce qui touche la façon d'être, de parler et de saluer de feu le capitaine Amic. Or le médium, spirite depuis moins de 3 ans, n'a jamais vu, connu ou entendu parler du capitaine Amic ; il n'a jamais été à Roanne.

Déclaration du Commandant B.

« J'ai connu en 1900 le capitaine Amic (l'une des victimes de la catastrophe de chemin de fer de Melun qui s'est produite en novembre 1913), alors qu'il était lieutenant au 22e régiment d'infanterie et faisait un stage au 14e escadron du Train des Equipages, corps auquel j'appartenais.

De 1900 à 1904, par suite du mariage du lieutenant Amic avec Mlle Rouvière, du mien avec la belle-sœur d'un pharmacien de Lyon, et de celui du frère de ce dernier avec une autre demoiselle Rouvière, je connus davantage Amic qui, pour moi, de camarade était devenu un ami.

« La nuit même de la catastrophe, je voyageais de Charolles à Paris et c'est par la lecture des journaux, en arrivant à Paris, que j'appris la catastrophe de Melun, et qu'un capitaine Amic et sa femme y avaient trouvé la mort.

« Quelques jours après, par lettres de ma famille de Lyon, je sus que le capitaine Amic dont les journaux avaient annoncé la mort était mon ami, et j'appris les détails suivants au sujet de cette mort et de celle de Mme Amic.

« Pour le voyage, ils s'étaient installés dans le premier wagon de 1er classe qui était près de la locomotive ; au moment où le choc se produisit, le tender fut soulevé par la poussée du train contre la locomotive qui s'arrêtait et Mme Amic qui avait les deux jambes coupées (sans doute par les banquettes) fut projetée par dessous le tender jusque sous le foyer de la locomotive. Les débris du train appuyait sur ses cuisses, son sang s'échappa goutte à goutte, et la mort ne fît son œuvre que vers 4 heures du matin, alors que la catastrophe avait eu lieu vers 9 heures ou 9 heures et demie du soir...

« Le capitaine Amic avait eu également les deux jambes coupées ; relevé quelques instants après la catastrophe, il mourut pendant son transport à l'hôpital de Melun.

« C'était un garçon très posé, parlant plutôt lentement et d'une voix forte et grave ; au premier abord, il paraissait infatué de lui-même, mais au fond était un excellent garçon. La façon dont le capitaine B m'a dépeint le capitaine Amic (parlant par l'intermédiaire

293

d'un médium), correspond parfaitement à la connaissance que je conserve dudit capitaine. Signé : commandant B. »

« Nota. — S'il vient à la pensée que le médium ayant lu les journaux à l'époque relatant la catastrophe de Melun a pu puiser dans son subconscient les renseignements et détails qu'il nous a donné étant en état de transe, il convient de mettre en évidence.

1° Que le commandant B qui, lui aussi, a lu ces mêmes journaux, n'a cependant eu la conviction que c'était bien de son ami Amic qu'il s'agissait, que par la lecture des lettres de sa famille, et que ce sont ces lettres seulement qui lui ont apporté une certitude, car les journaux ne mentionnaient que « le capitaine et Mme Amic » et ils ne donnaient pas de prénoms, pas plus que le nom de famille de Mme Amic. Or le médium nous a donné : Marie-Louise Bouvière, nom et prénoms qu'il n'a pu puiser dans les journaux et par la suite dans son subconscient.

« En outre, il convient de mettre en relief un 2e élément de contrôle constitué par l'attitude, le salut, la façon d'être et de parler du capitaine Amic qui ont été reconnus exactement imités par le Commandant B.

« Le 5 juillet, un mois après la première incarnation, le capitaine Amic s'est de nouveau incarné dans le même médium,

Mme Mariaud. Les assistants ont été vivement intéressés par les paroles et l'attitude touchantes de l'entité qui a remercié avec émotion les enquêteurs pour l'aide bienfaisante qui lui avait été donnée ; en termes choisis et confirmant une haute élévation de pensée, le capitaine Amic a abordé différents sujets dont l'exposé n'a pas lieu d'être fait ici, attendu qu'il n'apporterait aucune preuve nouvelle à celles, bien suffisantes, données le 7 juin.

Capitaine B ».

Nous n'avons à faire, sur ce cas intéressant et fort bien observé, d'autres commentaires que ceux du capitaine B. et du commandant B, et à rendre hommage à la sagacité avec laquelle ils l'ont observé et analysé dans ses détails.

Nous arrivons maintenant à la dernière manifestation et en même temps, à la plus remarquable, tant à raison de la multiplicité et de la précision des détails qui ont été donnés que de la difficulté que nous avons rencontrée lorsque nous avons voulu les vérifier. Si, après avoir suivi l'exposé ci-après, l'on persistait à ne voir dans cette communication que le jeu de facultés cryptesthésiques brillantes, ce serait à désespérer du bon sens humain.

A la recherche de l'introuvable

2 avril 1922, villa Montmorency. — A cette séance, particulièrement importante par ses résultats, assistaient :

MM. Delanne, président ; Bourniquel, Gatte, Chardon, docteur Viguier, Maillard, docteur Pigot, Le Loup de Sainville, Grandjean, de Chessin ; mesdames Bourniquel (médium) Maillard, Collignon ; mademoiselle Jeanne Laplace (sténographe).

M. Bourniquel, légèrement souffrant, ne put prendre la direction des expériences ; M. Gatte fut désigné par le président pour le remplacer.

Camillo, le guide des séances, s'incarne et déclare qu'il y a là un autre esprit qui sera très intéressant, que les enquêtes seront difficiles, mais que cela donnera plus de valeur aux phénomènes.

Le médium entre alors en agonie ; il semble beaucoup souffrir, il étouffe, la bouche est rentrée, le faciès douloureux ; grande contraction des muscles du cou ; aspect de vieillard. M. de Sainville prend un croquis.

M. Gatte. « Comment vous trouvez-vous ? Essayez de parler.

R. — Je... je... suis paralysé du gosier. »

(Quelques passes sont faites au médium).

M. gatte. « Dites-nous votre non.

R. — Edmond.

— Maintenant, le nom de famille ?

296

— Duhêtre (Tous les noms de famille sont changés). Je suis mort de paralysie. »

(La main droite est atteinte d'un tremblement très accentué ; la mâchoire, en mouvement continuel, paraît avoir un tic.)

Aux questions qui lui sont ensuite posées, le médium répond d'abord lentement, fragmentairement, cherchant visiblement à rassembler ses souvenirs. Voici le résumé de ses déclarations :

« Je m'appelle Edmond Duhêtre ; je suis mort à Paris ; j'avais 80 ans. Quand je suis mort, j'habitais Nanterre (L'entité a déclaré d'abord être morte à Paris, puis un moment après, à Nanterre ; c'est cette dernière localité qu'elle persistera ensuite à désigner comme étant le lieu de son décès). »

A ce moment les traits se détendent et reprennent une expression normale.

« J'habitais rue des Ponvains, à Nanterre ; j'étais marié, mais ma femme était morte ; je suis mort en 1913 ; j'avais deux filles : Pauline et Louise ; celle-ci est restée avec moi ; l'aînée Pauline est religieuse à la Présentation, rue Denfert-Rochereau, n° 68. J'étais riche. J'avais un cabinet d'avocat-conseil du côté du Boulevard des Italiens, rue Feydeau, n° 7. Ma femme était morte une quinzaine d'années avant moi : elle était Italienne : Jeanne Joanni.

— Vous êtes-vous rendu compte que vous étiez mort ?

— Oui, mais il n'y a pas longtemps. Je me suis aperçu qu'il y avait quelque chose, car lorsque je suis allé chez moi, je voyais du monde, je leur parlais et personne ne me répondait. Comme j'étais vieux, atteint de paralysie, je savais que mon heure était proche et j'étais pieux : je savais donc que l'âme ne meurt pas. Je savais que je vivais, mais sous une autre forme ; je suis mort avec les Sacrements ; je communiais très souvent ; j'allais à la messe tous les jours ; mais je savais que je ne pouvais pas aller au Paradis ; j'avais de petites choses à me reprocher. Il y a longtemps que je cherche ; je voudrais bien me faire comprendre de mes filles.

— On a dû dire des messes à votre intention.

— Oh, oui ! Ma fille Pauline est sœur Marie-Adrienne. Je ne pouvais pas beaucoup la voir, elles sont cloîtrées. Elle a gardé longtemps son voile blanc, avant de prendre son voile noir ; ma femme ne voulait pas donner son consentement, elle l'a donné avant de mourir.

M. Delanne. — Lorsqu'on dit des messes à votre intention, ressentez-vous quelque chose ?

— Non, je n'ai trouvé rien de changé ; il y a pourtant du monde qui prie dans le nôtre, ça ne sert à rien. Ils croient toujours au ciel comme de leur vivant, ils prient pour y aller :

298

la mentalité ici ne change pas, c'est comme sur la terre ; cet espoir me suit toujours.

— Qui vous a amené ici ?

— Une force, comme une intuition ; tout d'un coup, j'ai été poussé à aller dans un autre endroit : j'étais poussé pour venir ici.

M. Delanne. — Vous ne connaissiez pas les phénomènes du spiritisme ?

— Ah, mais non ! ah, mais non !

— Vous rendez-vous compte que vous parlez à des vivants ?

— Mais vous êtes morts, comme moi.

— Mais non, nous sommes sur la terre.

— Je croyais que je parlais à des gens comme moi.

— Voyez-vous l'endroit où nous sommes ? Physiquement, tous voyez-vous ?

— Non, je ne me rends pas compte.

— Touchez vos cheveux, touchez votre poitrine, et dites-nous si ce sont vos cheveux, votre poitrine. »

Le médium passe longuement sa main dans ses cheveux, et reste rêveur ; puis il caresse doucement sa poitrine bombée, et ce contact paraît lui rappeler un souvenir.

« Rachel !... Rachel !... Une amie... »

Il raconte alors que cette personne, une fort belle fille venue de Cabourg, où lui-même avait une propriété, avait été à son service, et que plus tard elle avait habité en face de son bureau rue Feydeau. L'esprit ajoute qu'il avait une sœur mariée avec un rédacteur de l'Univers, M. Paul C. qui était aveugle ; ce ménage habitait Saint-Germain (Le nom de cette ville est changé.) et tous les deux sont morts 15 ou 18 ans avant lui.

M. Delanne. — « Croyez-vous que vos filles admettront que nous avons pu nous entretenir avec vous ? Elles croiront au diable.

- Pour cela, il faudrait leur dire des choses qu'elles seules connaissent. J'avais une grosse fortune ; Pauline a eu sa dot. Louise, de Nanterre, ne s'est pas mariée ; elle voudrait donner sa fortune à une communauté ; je préférerais que cela soit réparti entre beaucoup d'œuvres. Il faudra parler de tout ça à Louise ; vous n'avez qu'à lui dire ceci, elle comprendra : que j'ai longtemps vécu avec ma femme et qu'ensuite nous nous sommes mariés à Saint-Michel, ceci est très important dans ma vie, mais c'est très délicat, il faut faire bien attention. Les filles sont à moi ; ma femme a été mariée deux fois ; elle était Italienne, moi parisien.

— En ce qui concerne les bonnes œuvres dont vous parlez, nous n'avons aucune qualité ; on s'empresserait de dire : vous le voyez, ces spirites, ils cherchent à s'emparer du bien d'autrui. Donnez-nous un détail qui fera comprendre à votre fille que c'est bien vous qui avez parlé.

— Parlez-lui de Saint-Michel. C'est là que nous nous sommes mariés ; les filles le savent très bien, elles étaient déjà nées ; personne autour de nous ne l'a su, c'était vers 1900. »

Vision. — Je vois un homme, figure maigre, joues creuses, un tic à la mâchoire, le corps très gros ; il a dû mourir subitement ; parait très âgé, cheveux blancs, tête chauve en partie, une mouche blanche au menton. Edmond Duhêtre rue Feydeau. J'entends : Pauline, — sœur Marie Adrienne ; il devait avoir une mauvaise prononciation (Cette observation démontre la minutie avec laquelle le médium voit et entend.). J'entends : Louise, Nauterre, rue des Pouvains, Jeanne Joanni ; je vois une femme à côté de lui, qui paraît impotente ; petite, grosse, jolie, beaucoup de cheveux noirs, ondulés, frisés, abondants ; elle ne devait pas pouvoir se baisser ; c'est sa femme ; elle parait avoir une cinquantaine d'années.

Première enquête. — M. Le Loup de Sainville, chargé de l'enquête, établit le rapport ci-après, à la date du 22 avril, qui fut lu au comité à la séance du 23 :

301

« Malgré les précisions du récit détaillé fait par l'entité d'Edmond Duhêtre, l'enquête aboutit à une inexactitude complète.

1° Il n'existe pas actuellement de rue des Pouvains, à Nanterre, ni aucune rue ayant une consonnance similaire ;

2° Les registres de Nanterre des années 1911-12-13-14-15, ne contiennent aucun décédé du nom de Duhêtre, mais seulement un Napoléon D. mort à la maison de retraite, âgé de 90 ans ;

3° Les annuaires pour les années 1853-57-61-63-70 ne mentionnent aucun avocat résidant 7 rue Feydeau, pas plus que les listes des avocats à la Cour ;

4° Le nom de C. donné comme celui de son beau-frère, journaliste à L'Univers, n'est mentionné à aucune de ces dates ;

5° M. le curé de Nanterre ni son vicaire ne connaissent Mlle Duhêtre. Il en est de même au couvent de cette ville ;

6° Un avocat non inscrit à la Cour habitait en 1870 au n° 206 (Nous avons mis un numéro de fantaisie à la place du vrai.) de la rue Feydeau ; il s'appelait Duhêtre ;

7° Rue Denfert-Rochereau existe un établissement religieux de la Visitation et non de la Présentation.

Devant ces résultats négatifs, on peut conclure à une invention forgée par un désincarné romanesque.

Séance du 23 avril. — M. Delanne fait connaître au guide Camillo les résultats de l'enquête ; Camillo répond : « Cet esprit n'est pas mort à Nanterre ; l'habitation existe toujours.

— Des recherches ont été faites ; la rue des Pouvains n'existe pas.

— La rue a existé ; anciennement rue des Pouvains.

— Vous affirmez ?

— Oui, j'affirme. Sa fille existe encore ; ces personnes paient des impôts. Tout cela est exact. L'esprit est là ; il insiste ; il dit avoir deux filles : Louise et Pauline.

—   Demandez-lui s'il n'a pas à rectifier certains points ; nous le ferions venir à nouveau.

—   ......

- Puisqu'il est très religieux, dites-lui d'affirmer devant Dieu la réalité des choses qu'il nous a révélées.

— Oui, il affirme.

— Comment le voyez-vous, Camilio ? Vous paraît-il dans son état normal ; cet esprit, de son vivant, n'était-il pas atteint d'une maladie mentale ?

—Il me paraît très sincère. Il est inutile que vous l'appeliez, car il n'ajoutera rien à ce qu'il a dit précédemment. »

Supplément d'enquête. — Rapport : « J'ai poursuivi l'enquête au sujet des affirmations de Camillo relatives à Edmond Duhêtre ; le résultat est encore un insuccès complet. Des nouvelles recherches faites à Nanterre n'ont pu faire découvrir la rue des Pouvains, même antérieurement à 1913, jusqu'à 1903. Le nom de Joanni est inconnu dans les couvents de Nanterre et des prêtres de la paroisse. A Paris, mes recherches à la mairie du 29 arrondissement m'ont donné la certitude que Duhêtre n'était pas mort rue Feydeau ; il n'y a aucun Duhêtre pouvant avoir un rapport avec celui que nous cherchons, entre 1905 et 1918. Au n° 206, où le Bottin m'avait indiqué un E. Duhêtre en 1870, on ne retrouve le souvenir d'aucun locataire de ce nom ; la concierge est là depuis dix ans. Au 208, où la concierge est en fonction depuis 18 ans et connait bien l'immeuble voisin, aucun renseignement ; au 204, pas davantage. Finalement, j'ai visité tous les numéros de la rue, trouvant plusieurs concierges très anciens ; je n'ai pu avoir aucune trace d'Edmond Duhêtre.

E. Le Loup de Sainville

Séance du 7 mai. — M. Delanne, président, fait remarquer aux membres du comité et ensuite à Camillo, les erreurs nombreuses qui nous empêchent de retrouver la trace de Duhêtre.

Camillo. — « Ces erreurs viennent de l'esprit lui-même ; l'esprit est là ; il a bien vécu à Nanterre. Il avait d'autres propriétés dont il vous a parlé, notamment Caboury ; vous pourriez voir.

— Pourquoi a-t-il donné un nom qui est inconnu ? Il parle de ses filles... Ne serait-ce pas un rêve de ce pauvre homme ?

— Non, il insiste. Il dit : Si on allait au couvent, on trouverait des traces de ma fille.

— Mais ce couvent est cloîtré, ce serait très difficile ; précisez ; quel est ce couvent ?

— La Visitation, 68, rue Denfert-Rochereau.

— Comment se fait-il qu'il persiste à donner le nom d'une rue qui n'existe pas à Nanterre ?

— Il insiste toujours ; sa propriété existe bien ; ancienne rue des Pouvains, au moment où il l'a achetée.

— Demandez-lui à quelle époque il l'a achetée, et le nom du notaire.

— Vers 1885. Il ne se rappelle pas le nom du notaire. L'esprit continue à affirmer qu'il a habité rue Feydeau ; il croît être mort là. »

Abandon et reprise de l'enquête. — Cette troisième séance n'ayant pas apporté d'éléments nouveaux, comme il était impossible de demander davantage à la complaisance de l'enquêteur, la manifestation fut considérée comme erronée, et l'affaire classée.

Les vacances arrivaient, les séances prirent fin.

Au mois de juin. Mme Maillard qui n'en avait manqué aucune, se rencontrant dans un salon avec une dame âgée ayant longtemps vécu à Nanterre, eut l'idée de lui demander si elle n'y avait pas connu un Monsieur du nom de Duhêtre ; la vieille dame se rappela l'avoir connu, et donna sur lui quelques renseignements qui confirmèrent ceux fournis par l'esprit, au cours des trois séances. Duhêtre, qui croyait bien cachés ses secrets de famille et ses peccadilles, ne se serait certes jamais douté qu'il y avait des personnes si parfaitement au courant de ses affaires. Malheureusement, la vieille dame ne se rappelait plus le nom actuel donné à l'ancienne rue des Pouvains, dont elle certifia l'existence.

Cette rencontre fortuite et bienheureuse nous engagea à reprendre nos recherches ; en l'absence de M. Le Loup, parti en vacances, M. Gatte fut chargé de la nouvelle information ; elle lui ménageait quelques surprises et pas mal de tribulations dont il rend compte dans le rapport suivant :

Dimanche, 8 octobre 1922. (Premier voyage à Nanterre). — La mairie étant fermée, je demande à plusieurs commerçants s'ils pouvaient m'indiquer la rue des Pouvains et s'ils se rappellent une famille Duhêtre y ayant habité ; partout réponse négative. M. le curé n'a aucun souvenir ni de la rue des Pouvains ni de Duhêtre. Je rencontre plusieurs personnes âgées qui me déclarent habiter Nanterre depuis longtemps et qui n'en savent pas davantage.

19 octobre. (Deuxième voyage à Nanterre). Chez le notaire, le premier clerc veut bien consulter des archives ; après quelques recherches, il trouve un acte notarié au nom de M. Duhêtre Jules Edmond, habitant Nanterre rue des Pouvains, daté de 1892 sur lequel est mentionné Mme Duhêtre, née Giovanni (Rappelons que nous avons changé tous les noms de famille.). Mon interlocuteur ne peut me donner aucun renseignement sur la rue des Pouvains, qu'il ignore.

A la mairie où je me rends, au bureau de l'Etat-civil, on consulte les registres des décès depuis 1900 jusqu'en 1916 sans trouver trace du nom de Duhêtre (A ce propos, nous devons remercier les municipalités qui ont bien voulu faciliter notre tâche souvent ingrate, et nous leur exprimons la reconnaissance de tous les chercheurs de bonne foi.).

Je demande si la rue des Pouvains est connue ; les recherches semblent rester vaines, lorsqu'un vieil employé me dit se rappeler que la rue des Pouvains a existé à Nanterre et quelle s'appelle aujourd'hui rue de Chanzy. Il se souvient également d'une demoiselle Duhêtre ayant habité cette rue au n°....

Je vais rue de Chanzy ; la propriété répond aux indications données par l'entité ; le locataire actuel n'a jamais connu Mme Duhêtre, mais il sait que cette propriété a été vendue après l'armistice au propriétaire actuel qui habite une petite ville du sud-ouest. A une lettre que lui écrit M. Bourniquel, ce monsieur répond le 20 octobre et donne comme adresse probable de Mlle Duhêtre le n° 23 du boulevard de la République, à Saint-Germain (Rappelons que nous avons changé le nom de cette ville.).

23 octobre. (Premier voyage à Saint-Germain).— Au n° 23 du boulevard de la République, Mlle Duhêtre est inconnue. On cherche sur l'annuaire de la ville et l'on trouve une demoiselle Duhêtre au 27 du même boulevard. Je m'y rends : cette demoiselle est absente pour la journée. J'apprends par les concierges que M. Edmond Duhêtre est mort dans l'immeuble en 1906 (Encore une erreur ! nous verrons plus loin que la mort date de 1908. Qu'il est donc difficile de connaître la vérité !) et que Mlle Louise est bien sa fille, qu'elle a habité Nanterre où elle était propriétaire d'une villa ;

que son père était très riche, qu'il était aussi propriétaire de villas à Cabourg. Ils me disent également que Mlle Louise a une sœur, religieuse au Couvent de la Visitation, rue Denfert-Rochereau à Paris, en religion sœur Adrienne. Les concierges ont connu M. Duhêtre ; ils n'ont jamais vu Mme Duhêtre, mais ils savent que cette dernière était d'origine italienne. Tous ces renseignements me sont donnés sans qu'ils aient été provoqués.

Je prie ces braves gens de bien vouloir annoncer ma visite à Mlle Duhêtre pour le samedi suivant. Je me rends ensuite au cimetière ; sur les registres du conservateur, je trouve trace du décès de M. Edmond Duhêtre, le 4 juillet 1908. Sur les indications du conservateur, je me rends sur la sépulture, une pierre tombale délaissée et couverte de mousse sur laquelle je lis cette simple inscription :

GIOVANNI-DUHÊTRE sans date, sans autre indication.

Samedi 28 octobre. (Deuxième voyage à Saint-Germain). —Mlle Duhêtre refuse catégoriquement de me recevoir, sous prétexte qu'elle ne me connaît pas ; elle ne veut rien entendre. Reçu sur le pas de la porte, elle dit ne rien connaître des affaires de sa famille et m'adresse pour tous renseignements à son avoué, chez lequel je ne juge pas utile de me rendre.

10 novembre. (Troisième voyage à Saint-Germain). — Je me rends au bureau de l'Etat-civil où le bulletin de décès ci-joint m'est délivré, et où j'apprends que Mme Duhêtre, née Jeanne Giovanni, est morte à Nanterre, le 10 novembre 1896.

Rue des Pouvains. — Les recherches pour trouver cette rue ayant rencontré des difficultés, je décide de compléter mon enquête par des renseignements plus précis ; le 11 novembre, je me rends encore une fois à Nanterre. Rue de Chanzy, je m'adresse à plusieurs habitants dont certains habitent là depuis plus de 30 ans. Le propriétaire d'une villa à l'angle de la rue Chanzy et de la place du maréchal Foch, me dit qu'il habite la même maison depuis 40 ans environ. Il croit que la rue des Pouvains a été débaptisée après la guerre de 1870, mais en ce qui le concerne, il l'a toujours connue sous le nom de rue de Chanzy.

Je lui fais remarquer que j'ai vu un acte notarié en date de 1892 où la rue des Pouvains se trouve mentionnée ; il me répond que ceci n'avait rien que de très normal, car les actes notariés enregistrent généralement les rues, places, etc. avec le nom qu'elles portaient au moment de la construction des immeubles en cause.

Plusieurs personnes dans le quartier ont connu M. et Mme Duhêtre, et les renseignements qu'ils m'en donnent au physique et au moral corroborent parfaitement les détails donnés par le communicant. Un commerçant de la rue de Chanzy, voisin mitoyen de M. Duhêtre, a très bien connu ce dernier. Entre autres détails, il se souvient du tic nerveux de la mâchoire qui l'affectait, et dit que M. Duhêtre est mort de paralysie, tous renseignements donnés par le médium.

Je dois ajouter que lors de mes recherches pour trouver la rue des Pouvains, je me suis adressé à la gendarmerie sise à une distance d'une dizaine de mètres de l'actuelle rue de Ghanzy, et que je n'ai pu trouver là ni renseignements ni directives (Ça c'est le bouquet.).

Fait à Paris le 12 novembre 1922

Gatte

9, rue Bachaumont »,

A ce rapport est joint le Bulletin de Décès suivant :

Mairie de .....

D'un ACTE DE DÉCÈS dressé à la mairie de ...... le 4 juillet 1908, il apparût que

M. Jules-Edmond D...... avocat, né à Paris (2e arrondissement), le 15 août 1824, veuf de Jeanne ...... demeurant à ...... 27, boulevard de la République, est décédé le 4 juillet 1908, à .....

...... le 10 novembre 1922.

(Cachet) Signature.

Observations. — Est-il vraiment bien utile d'insister sur le caractère véridique et nettement spirite de cette extraordinaire manifestation ? Elle comporte de si nombreuses preuves, inattaquables, irréfutables, contrôlées, qu'il nous suffira de les énumérer sans qu'il soit nécessaire de les soutenir par une longue argumentation.

Avant la première incarnation, qui remonte au 2 avril, Camillo a soin de nous avertir que l'esprit qui va se communiquer sera très intéressant, mais que les enquêtes seront difficiles (au pluriel). On a vu combien cette prédiction était fondée, puisque les enquêtes commencées dès le lendemain ne se sont terminées que le 12 novembre : elles ont donc duré plus de 7 mois. La difficulté provenait principalement de l'impossibilité pour les deux enquêteurs à retrouver la rue des Pouvains, débaptisée depuis 50 ans (le médium n'en a que 35), des personnes qui habitent là depuis 40 ans ignorent cette ancienne dénomination ; seuls, la vieille dame rencontrée par Mme Maillard dans un salon parisien, et le vieil employé à la mairie de Nanterre, connaissent cette particularité.

Mais que de difficultés encore pour retrouver la fille de M. Duhêtre : cela a pris 6 mois et demi. Il en est de même pour les autres renseignements qui ont pu être confirmés. Camillo et l'esprit de Duhêtre insistent avec force dans les séances ultérieures, et ce dernier, qui a été un homme pieux et croyant, n'hésite pas à attester devant Dieu qu'il dit la Vérité.

Indépendamment des témoignages de toute espèce, il y a encore la tombe dans laquelle sont enterrés les deux , époux ; M. Gatte, de la façon la plus consciencieuse, a mené son enquête jusqu'au bout ; il a été au cimetière, il s'est rendu compte de l'existence passée de ces deux êtres, ensevelis côte à côte ; et après cette visite, il a tenu à faire un nouveau voyage, le sixième et dernier.

On ne pourra pas dire que l'information a été faite à la légère.

CHAPITRE XIII

Rassemblons les faits

Vous avez taillé ; à présent il faut coudre.
(Une reine de France à son fils)

Lorsque nous assistons à des expériences dans lesquelles on cherche à figurer des personnalités secondes, nous ne tardons pas à nous apercevoir que l'imagination des sujets est moins riche qu'on aurait pu s'y attendre. La personnalité d'un militaire, d'un prêtre, d'une danseuse, etc. se reproduit presque toujours avec des variations insensibles ; on sent nettement que le réservoir où s'est alimenté l'imagination subliminale n'est pas inépuisable.

Il en va tout autrement lorsque ce sont de véridiques individualités étrangères qui se font connaître à nous par le canal des médiums ; ici, la variété est infinie, comme celle qu'on rencontre en fréquentant des personnages humains. Leur manière de s'exprimer est, en général, caractéristique, en rapport étroit avec les mœurs, les habitudes de vie, le métier du défunt. Ce sont là des différences qui nous permettent de distinguer parfaitement ce qui provient du fond intellectuel du médium de ce qui lui arrive par l'extérieur.

Les nuances de caractère sont également très marquées : certaines des entités de l'au-delà supportent très difficilement l'interrogatoire auquel on les soumet ; quelques-unes, même, s'expriment véhémentement ou grossièrement, comme pourrait le faire un individu fruste auquel on poserait des questions qui lui sembleraient indiscrètes : « qu'est-ce que ça peut bien vous f...? » proteste l'un d'eux ; et un autre : « pourquoi me demandez-vous tout ça ? Vous n'êtes ni mes parents, ni mes amis ; en quoi ça peut-il bien vous intéresser ? » D'autres, un peu plus complaisants, consentent, après qu'on les a sommairement renseignés, à fournir quelques détails intimes, et c'est là un des points les plus intéressants, puisqu'il nous permet une vérification ultérieure.

Il est à noter que les esprits de paysans continuent à s'intéresser aux travaux de la terre ; ils en parlent avec une satisfaction visible, et tous, du reste, en tout autant pour ce qui fut ici-bas leur principale occupation.

Ceux qui sont plus instruits s'expriment avec un vocabulaire plus châtié qui se ressent de leur éducation ; mais, d'une manière générale, les esprits avec lesquels nous avons été en rapport nous ont paru peu évolués. Ils ont suivi le cours de la vie ordinaire sans essayer de comprendre pourquoi ils étaient venus au monde et, sauf exception, (notamment Duhêtre), il ne semble pas que les enseignements religieux aient laissé en eux une trace profonde.

Inconsciemment, ils étaient matérialistes, ou plus exactement, agnostiques ; ils laissaient couler leur existence d'une façon presque automatique, et la responsabilité des fautes qu'ils ont pu commettre parait singulièrement atténuée, ils ne semblent pas en être vraiment incommodés ; ils n'ont pas, non plus, de grandes satisfactions ; on les sent à un degré inférieur de la vie astrale. Pour la plupart, ils ne font que se réveiller, et encore, incomplètement, du trouble qui succède à la mort.

Nous avons pu les sortir de cette situation et leur permettre de se reconnaître ; il sera intéressant, dans des recherches ultérieures, de poursuivre l'étude de ces individualités, afin de nous rendre compte des changements qui pourront s'être produits dans leur état.

Beaucoup d'entre eux ne se doutent pas qu'il existe dans leur milieu même des êtres plus évolués : ils sont ignorants des habitants de l'au-delà tout autant qu'ils l'étaient sur terre. Il semble que leurs sens périspritaux ne sont pas plus développés que ne l'étaient leurs organes d'incarnés, ils n'ont que des sensations matérielles parfois diminuées, et, nécessairement, leur mentalité ne s'en trouve pas considérablement modifiée ; à ce point de vue, la mort n'a pas créé d'hiatus entre leurs deux modes d'existence, et une fois de plus se trouve vérifié l'aphorisme de Leibnilz : Natura saltus non facit.

La vie terrestre se continue dans l'astral, et la situation de trouble où sont plongés ces esprits peut se prolonger assez longtemps, puisque nous avons constaté que certains individus morts depuis un demi-siècle et même davantage, semblaient s'éveiller d'un long sommeil et reprenaient la vie astrale au même point du Temps que celui où ils nous avaient quitté.

C'est donc bien le périsprit qui est le véritable corps permanent de l'âme, et c'est aux sensations enregistrées en lui qu'est due la mentalité de l'être, même après qu'il s'est séparé du corps physique.

Mais, et la remarque est importante, lorsqu'on arrive à faire connaître à ces êtres leur situation réelle, leur mentalité se modifie ; petit à petit, ils prennent conscience de leur nouvel état, et à mesure qu'ils s'identifient avec lui, ils ont des perceptions nouvelles ; ils voient d'autres esprits qui leur sont supérieurs, et ils en reçoivent les enseignements. C'est ainsi que Camillo a souvent aidé certains désincarnés, non seulement à se reconnaître, mais aussi à se familiariser avec la vie de l'espace.

D'après ce que nous savons par les recherches faites précédemment, il est certain que ceux-ci ne resteront pas à ce stade inférieur ; ils finiront par acquérir l'entière connaissance de ce qu'ils sont, et en même temps s'évanouiront progressivement les créations idéoplastiques qui leur faisaient considérer comme analogues à celles de la terre leurs nouvelles conditions de vie. C'est d'ailleurs ce qu'affirme Camillo, lorsqu'il dit (séance du 4 mars 1922) : « l'esprit ne se rend pas toujours compte : il lui arrive de confondre un incarné avec un désincarné ».

Il est donc d'une extrême importance pour chacun de nous de connaître dès ici-bas les différents stades de la vie future ; cela nous évitera d'être la proie de monoïdéismes qui empêchent pendant de longues périodes l'âme désincarnée de comprendre la réalité ; c'est d'autant plus utile que les conditions post mortem sont parfois fort pénibles, lorsque l'esprit s'imagine être en purgatoire ou en enfer, et éprouve de cette illusion, d'indicibles souffrances.

Nous n'avons eu affaire qu'à un très petit nombre d'habitants de l'au-delà, notre enquête n'ayant pu porter sur l'ensemble des désincarnés, même dans la catégorie de ceux qui sont encore dans les couches les plus voisines de la terre ; mais néanmoins, elle est puissamment démonstrative, en ce qu'elle nous montre que la survivance est la loi, et que le principe pensant est réellement indépendant de l'organisme physique, ici-bas. Elle nous montre, en outre, le périsprit gardien indéfectible de notre individualité et de nos états de conscience, archiviste de notre vie mentale, conservateur de nos acquisitions psychiques qu'une transformation aussi radicale que la mort n'a pu détruire.

On peut faire des rapprochements utiles entre des phénomènes que l'on observe parmi nous, tels que celui de la régression de la mémoire, et ce qui se produit dans l'au-delà. Il est certain, par exemple, que le petit Mimi Lenay n'est pas resté depuis sa mort, en proie aux horribles souffrances de son agonie, reproduite par Alberline ; de même pour les autres esprits qui ont figuré les symptômes des maladies qui avaient entraîné leur désincarnation. Il est infiniment probable que ces êtres peu évolués, en venant s'incarner dans le médium, subissent automatiquement cette régression dont nous avons été si souvent les témoins.

Il semblerait donc que les états mentaux et psycho-physiologiques concomitants se conservent intégralement dans l'enveloppe fluidique et qu'ils se reproduisent automatiquement, les uns appelant nécessairement les autres.

Dès lors, il n'est pas surprenant de retrouver dans la mémoire des désincarnés les mêmes confusions, les mêmes erreurs, les mêmes lacunes que l'on constate chez les humains dans les mêmes conditions, c'est-à-dire pendant le délire ou les maladies qui entravent les facultés du cerveau.

Indépendamment de ces causes psychologiques, il faut bien se rendre compte que nos rapports avec les désincarnés, ainsi que nous l'avons plusieurs fois remarqué, se compliquent de la difficulté qu'éprouve l'esprit à se servir d'un organisme qui lui est totalement étranger.

Déjà, sur la terre, nous avons fait maintes fois l'expérience qu'il est parfois malaisé de se faire comprendre par téléphone d'un correspondant dont le poste récepteur est mal conditionné. On répète le même mot avec une impatience croissante, et il arrive toujours déformé à l'autre extrémité du fil. Ces demoiselles des P. T. T. pourraient en parler sciemment.

Ne soyons donc pas trop exigeants, en songeant que les rapports doivent s'établir entre deux postes dont l'accord est si difficile à réaliser ; le courant fluidique qui les relie ne peut pas toujours être de même intensité, ni la vibration périspritale en synchronisme constant avec le récepteur médiumnique.

Plus tard, sans doute, lorsque ces études auront été poursuivies dans les laboratoires par des savants, arrivera-t-on à découvrir les lois qui président à ces problèmes.

Ce jour-là, un pas immense sera fait.

Dans le chapitre VI, nous avons fait une étude des visions psychométriques de mademoiselle Jeanne Laplace. En appuyant sur son front un objet provenant de la personne qui désire la consulter, elle a immédiatement la vision très nette d'événements se rapportant à cette personne. Le fait est bien connu ; il a été étudié d'une façon très complète, dans les ouvrages de nombreux psychistes.

L'objet remis à la voyante est nécessaire pour établir un rapport psychique entre elle et le consultant, que celui-ci soit présent ou non ;

et dans les cas bien contrôlés, tant que cette condition n'est pas remplie, la vision ne se produit pas. Au contraire, dès que le rapport est établi, immédiatement des images, des scènes animées, des personnages, se montrent. Le médium n'a plus qu'à suivre la piste, et à décrire les évènements qui se déroulent devant lui, comme sur un écran.

C'est donc le contact de l'objet qui éveille la lucidité du sujet. S'il était nécessaire d'appuyer notre affirmation par une preuve formelle, nous la trouverions dans une expérience faite à Varsovie par M. Ossowiecki. La relation en a été publiée par la Revue Métapsychique (juillet-août 1922, page 251 (Voir aussi la « Revue scientifique et Morale du spiritisme », décembre 1922, pages 364-5) ; elle fut envoyée à M. le docteur Geley par le témoin direct, Mme Aline de Glass, la femme du juge à la cour suprême de Pologne.

Au cours d'une visite chez la générale Krieger, mère de M. Ossowiecki, Mme de Glass demanda à celui-ci s'il pourrait la renseigner sur une broche qu'elle avait perdue. Il lui décrivit alors une broche qui s'était trouvée dans la même boîte que l'autre, mais il ne pouvait donner de renseignement plus précis, à moins d'avoir quelque chose de matériel concernant l'objet.

« Monsieur, dit Mme de Glass, la broche était accrochée ici sur cette robe ».

M. Ossowiecki pose ses doigts sur l'endroit indiqué et au bout de quelques secondes, dit : « oui, je la vois bien ; elle est ovale, en or, très légère, c'est une broche antique qui vous est chère comme un souvenir de famille ; je pourrais vous la dessiner, tellement je la vois clairement. Elle a comme des oreilles ; elle est composée de deux parties, qui entrent l'une dans l'autre et comme si c'étaient des doigts entrelacés...

— Mais c'est extraordinaire, ce que vous dites, monsieur ; il y a justement comme des doigts entrelacés.

— Je vois, vous l'avez perdue très loin d'ici (c'était vraiment à une distance de 4 kilomètres). Oui, rue Mokolowska, au coin de la rue Koszykowa.

— Mais oui, c'est là que je suis allée aujourd'hui.

—Un homme à la moustache noire s'incline et la prend. Ce sera très difficile de la recouvrer. Essayez de faire des annonces dans les journaux ».

Le lendemain, mon frère vient chez moi et s'écrie : « Miracle, miracle ! Ta broche est retrouvée. M. Ossowiecki m'a téléphoné que tu n'as qu'à venir demain à 5 heures chez Mme la générale Jacyna, sa sœur, et qu'il te la remettra. »

Le 7 juin, je me rends chez la générale ; je demande à M. O. : « Et ma broche, l'avez-vous ? — Rassurez-vous, madame, nous allons voir. » Et il me présente ma broche. C'était un vrai miracle. »

M. O. raconta alors l'histoire suivante :

« Le lendemain après cette rencontre, je viens le matin à ma banque. Au vestibule, je remarque un homme que je me souviens avoir vu quelque part ; au même moment, je me rappelle que justement c'est l'homme que j'ai vu, dans mes idées, avoir ramassé votre broche. Je le prends doucement par la main et je lui dis: « Monsieur, vous avez trouvé hier une broche au coin de la rue Mokolowska et Koszykowa. — Oui, dit-il tout étonné, — Où est-elle ? — A la maison ; mais d'où le savez-vous ? » Je lui fis la description de la broche et je racontai tout ce qui était arrivé. Il devint pâle et fut tout bouleversé. Il m'apporta la broche dont il voulait annoncer dans les journaux la trouvaille ».

Ce récit est excessivement suggestif ; il nous fait voir le sujet psychomètre cherchant en vain à visualiser et se trompant d'objet ; il est mis sur la voie dès qu'il touche avec ses doigts la partie du vêtement sur laquelle avait été agrafée la broche ; la vision est si nette qu'il peut ensuite reconnaître l'homme qui l'avait trouvée et l'obliger à la restituer.

Ceci démontre indiscutablement la nécessité d'établir par le contact d'un objet personnel un rapport psychique entre la personne qui consulte et le psychomètre ; c'est ce qui a eu toujours lieu dans les expériences si remarquables faites avec Mlle Laplace.

Il s'agit ici d'une faculté cinématographique fort intéressante, mais à laquelle il faut donner, avant toute autre, une interprétation animiste.

Bien au contraire, dans la série expérimentale d'Albertine, qu'il s'agisse des visions ou des incarnations, aucun rapport psychique, direct ou indirect, n'intervient entre elle et le communicant ; aucun des assistants ne sut jamais, à l'ouverture des séances, quel esprit allait se manifester ; aucun n'eut le moindre indice sur l'existence terrestre de ce dernier.

Ce n'est donc pas dans la pratique psychométrique qu'on pourrait trouver l'explication de ses expériences qui, nous l'avons dit et précisé, sont d'un ordre différent.

Parmi les révélations qui nous ont été faites, nous avons été souvent obligés de jeter un voile épais sur des vérités parfois trop brutales. Des actes malhonnêtes, délictueux ou criminels, incendies volontaires, avortements, détournements, nous furent avoués par des entités désireuses de soulager leur conscience. Par des enquêtes discrètes, nous arrivâmes à les vérifier.

Si nous n'avions poursuivi que l'intérêt de nos conceptions ; si, à l'imitation de certains folliculaires épuisés dans leur sève intellectuelle, nous n'avions recherché que la publicité par le scandale, nous étions abondamment pourvus ; mais notre désir de voir triompher nos idées a dû s'incliner devant les convenances, devant le secret professionnel qui, en l'espèce était un secret confessionnel. Il n'eut pas été loyal de livrer en pâture à la curiosité du public des faits privés dont la confiance des pauvres désincarnés nous avait fait les gardiens involontaires.

Et pourtant !... quelle force de conviction, quelles preuves absolues dans ces aveux parfois naïfs !

Qui donc, parmi nous, aurait imaginé tel ou tel détail sinistre ou macabre, soigneusement caché dans le secret familial, et qu'une âme en peine venait nous confier dans sa détresse ? Qui donc aurait soupçonné la probité des uns, la fidélité des autres ? Qui donc aurait pu connaître le drame intime dans lequel avait été autrefois engagé tout l'honneur d'une maison ?

Ces nombreux faits qui furent pour ceux qui les vécurent autrefois de grands événements, et dont, bien souvent, aucun témoin n'est resté, nous ne les avons pas inventés. Que l'on donne à la cryptesthésie toute l'amplitude, toute l'étendue qu'on voudra, il lui est impossible de les connaître.

Et si M. le professeur Richet en avait entendu directement le récit, au lieu de dire : La preuve de la survivance n'a pas été donnée, mais je m'empresse d'ajouter qu'on s'en est approché très fort (« Traité de Métapsychique », page 778), nous avons la certitude qu'il eût loyalement déclaré : La preuve de la survivance est désormais un fait acquis.

Les lecteurs de bonne foi reconnaîtront, en effet, que nous avons tâché d'écarter toutes les causes d'erreur, et malgré la difficulté de les éviter d'une façon absolue, nous estimons que nous y sommes parvenus. Cela n'empêchera pas les contradicteurs, principalement ceux qui n'ont jamais assisté à nos recherches, de prétendre que nos procédés ne sont pas scientifiques.

Mais d'abord, qu'est-ce qu'on entend par : scientifique ? Qu'est-ce qui est scientifique et qu'est-ce qui ne l'est pas ? Nous n'allons pas, à l'exemple de Brunetière, proclamer la faillite de la science ; mais enfin, avec ses méthodes, ses théories et ses dogmes, prétend-elle avoir tout démontré ?

Peut-elle expliquer l'aimantation, le fluide électrique, le magnétisme terrestre, l'attraction universelle, les tâches solaires ?

Pourquoi les rayons du soleil arrivent-ils chauds à la terre, après avoir perdu toute chaleur dans les régions de froid intense qu'ils ont traversés ?

Pourquoi les nuages formés soit par des particules solides (éruption du Krakatoa), soit par de la glace, ne tombent-ils pas ?

Pourquoi les rayons lumineux traversent-ils le verre dépoli et les rayons réfléchis par l'œil ne le traversent-ils pas ?

Pourquoi, dans les composés chimiques, ne retrouve-t-on presque jamais les propriétés des composants ? Exemple : le chlorure de sodium (sel marin) ne possède ni la toxicité du chlore, gaz asphyxiant, ni l'affinité pour l'oxygène du sodium, qui brûle spontanément dans l'eau.

Pourquoi, lorsqu'une même quantité de calories est absorbée par deux corps de nature différente, mais ayant même forme et même volume, l'élévation de la température n'est-elle pas la même ?

La nutrition des êtres animés exige une dématérialisation totale de la matière ; si l'on admet que la matière animée porte en soi sa personnalité, il faut bien admettre en même temps que lorsqu'un anthropophage mange son voisin, la personnalité de la matière a changé. De même lorsque nous voyons un chien avaler une côtelette ou un bœuf ruminer de la luzerne, il arrive ceci : que le mouton sera transformé en chien et l'herbe en bœuf. Comment et pourquoi ?

Nous côtoyons ainsi tous les jours des mystères qui ne nous étonnent plus et auxquels l'accoutumance nous incite à ne plus prêter attention. Méfions-nous du témoignage de nos sens.

Mgr. Sibour, en voyage, se trouvait à table d'hôte à côté d'un commis voyageur qui affectait de ne vouloir croire que ce qu'il comprenait.

« Comprenez-vous, lui demanda le prélat, pourquoi le feu fait fondre le beurre et durcir les œufs ?

— Non, répondit l'autre.

— Cela vous empêche-t-il, répliqua Mgr. Sibour, de croire aux omelettes ? »

Les apparences des choses nous induisent constamment en erreur ; les anciens, voyant le soleil se lèvera l'est et se couchera l'ouest, avaient cette illusion que le soleil tournait autour de la terre. Les erreurs sont dues souvent à notre ignorance des vraies causes ; c'est ainsi qu'un bâton plongé dans l'eau nous paraîtra brisé si nous ignorons les lois de la réfraction.

Si donc nous nous en tenons seulement au côté extérieur des choses, si nous ne voyons que la Matière, si nous ne sommes pas capables de dégager une philosophie de ce que nous révèlent nos sens, nous resterons toujours dans l'erreur.

L'avenir de la Matière, du reste, paraît fortement compromis. De toutes parts, elle reçoit des assauts auxquels elle résiste encore vaillamment, mais on entend des craquements significatifs du côté du trône superbe du haut duquel elle régnait sur le monde. Les cellules se dissocient, les atomes explosent, les électrons dansent autour des ions une sarabande vertigineuse. La Matière f...iche le camp, dirait Mme du Barry.

Il était curieux de savoir ce que pensent les savants de cet état de choses.

Les dernières théories ne paraissent guère les avoir troublés. Impavidum ferient ruinœ. Mme Curie, que M. Paul Henzé est le seul à considérer comme spirite, Mme Curie ne semble pas bien fixée : « Qui peut savoir ce que c'est que la Matière ? Est-ce que je sais, Moi, ce que c'est la Matière ? » déclare-t-elle en souriant.

Alors, si cette docte personne est si mal renseignée, qui le sera mieux qu'elle ?

Les savants auraient-ils consacré tant de veilles à l'étude de la Matière pour aboutir à cette négation : Nous ne la connaissons pas, mais elle existe ? Et cela leur donne-t-il plus d'autorité pour dire de l'Ame, qu'ils n'ont jamais étudiée : Nous la connaissons, mais elle n'existe pas ?

Savent-ils mieux ce que c'est que la Mort ?

Savent-ils seulement, de façon précise, à quel moment, la Vie devient la Mort ?

Ils ne paraissent pas non plus bien fixés là-dessus.

Bouchut affirme qu'il y a tant de signes certains, immédiats et éloignés, de la Mort, qu'il est impossible à un médecin vraiment instruit de confondre la mort apparente avec la mort réelle. Et il indique pour éviter d'enterrer des vivants, seize indices parmi lesquels se trouve le défaut d'action de l'atropine sur l'œil mort (Docteurs Bouchut et Després. — Dictionnaire de Médecine.).

Précisément, les docteurs Ginestous et Lande ont eu récemment l'occasion d'examiner les yeux d'un guillotiné 25 minutes après la décapitation, et ils viennent de rapporter à la Société de Médecine et de chirurgie de Bordeaux les résultats de cet examen.

« A 6 h. 45, disent-ils, par conséquent 3/4 d'heure après l'exécution, nous avons instillé dans l'œil droit 3 gouttes d'un collyre à l'atropine, et dans l'œil gauche 3 gouttes d'un collyre à l'éserine (L'atropine dilate la pupille et l'éserine la contracte.). Après un 1/4 d'heure, la pupille droite a paru subir une très légère dilatation ; la gauche n'a pas varié.

Mais vers 8 h du matin, l'un de nous et notre confrère Portman ont constaté une augmentation de la mydriase (dilatation) à droite, et au contraire du myosis (contraction) à gauche. Les pupilles paraissent donc avoir réagi » (Savoir. — 7 octobre 1922.).

Ainsi, deux heures après la décapitation, alors que, tous les vaisseaux ayant été tranchés avec l'axe nerveux, le cerveau ne recevait plus du cœur son aliment physiologique, la persistance de la vie se manifestait encore dans cette tête de mort.

Bouchot est formel : Tant qu'il y a de la vie, l'influence de l'atropine se révèle en quelques minutes, en une 1/2 heure au plus, par la dilatation de la pupille : mais quand la vie est éteinte, l'iris reste immobile et l'atropine n'a plus aucun effet sur la pupille (Dr Bouchut. — Les signes de la mort.).

Dans le Dictionnaire des Sciences Médicales, de Dechambre, (article supplices) on trouve une relation équivalente : Deux têtes de guillotinés ayant été exposées pendant un 1/4 d'heure à une vive lumière, les paupières soulevées, se fermèrent rapidement. Un autre guillotiné, nommé Dutillier, tournait les yeux du côté où on l'appelait...

Ces exemples prouvent que la vie et la conscience n'ont pas été tranchées par le couperet du bourreau ; celui-ci, avec l'acier, libère l'esprit rattaché au corps physique, comme fait une goutte d'acide mettant en liberté la bulle de gaz renfermé dans un morceau de craie.

On nous a fait un grief de l'humble condition des esprits qui sont venus à nous. Certes, nous eussions été grandement honorés d'être visités par les génies de l'humanité, et nous eussions montré, pour les recevoir dignement, que nous savions ce qu'exigeaient de nous la hiérarchie, le protocole et la déférence.
Mais Victor Hugo s'est tenu coi et Gambelta n'a pas tonné ; nous nous en consolons, car ce que nous avons précisément recherché, c'étaient des gens sans notoriété et sans Histoire. La belle difficulté, vraiment, pour un sujet bien exercé, de camper un Napoléon belliqueux et proclamateur ou de réciter une de ces épigrammes que Voltaire décochait aux messieurs et qui faisaient rougir les dames (Sans compter que les discours de ces prétendus médiums sont toujours ratés et que leurs quatrains sont ineptes.). Les grands hommes ? laissons-les dormir en paix ; ils ont peut-être plus besoin de repos que les petits. Leurs raisonnements sont souvent faux ; eux aussi, tout comme les autres, ont besoin d'aller à l'école, et, en tout cas, ils n'auraient rien pu nous apprendre de ce que nous voulions connaître au sujet de ces

grandes questions ; du reste, nous ne les avons jamais sollicités.

Nos conceptions se sont élargies, grâce à cette psychologie expérimentale qui nous amena progressivement à la découverte de l'âme, à la constatation de son existence, de sa préexistence et de sa survivance. Par elle, nous avons connu la loi morale qui régit tout. Tous les déistes partent de ce principe que s'il existe une intelligence directrice de l'Univers, celle-ci doit être juste et l'expérimentation spirite confirme cette induction. L'esprit de Léo qui poussait au suicide sa veuve devenue Mme Formosa, croyait la retrouver dans l'au-delà ; il s'aperçut avec stupeur que cette violation de la loi morale le séparait de l'objet de son amour pour une période indéterminée.

Voilà une confirmation expérimentale qui, en s'ajoutant à bien d'autres, nous fournit une preuve que la justice immanente n'est pas un vain mot, mais une réalité effective, et que tout acte moral comporte une sanction inéluctable.

CONCLUSION

Révèle-moi, ô mon bon génie, à moi que tu aimais, ces vérités qui dominent la Mort, empêchent de la craindre et la font presque aimer.

Renan

Lorsque, il y a deux mille ans, un sublime révolutionnaire rêva de tirer l'Humanité de sa condition misérable en lui donnant une direction, une morale et un but, il fut combattu par les mauvais prêtres et les marchands auxquels il portait ombrage ; la religion nouvelle mit au moins trois cents ans à se former, et la conversion à l'unité divine demanda près de mille ans.

Lorsque, en 1492, Christophe Colomb découvrit l'Amérique, l'Europe entière refusa de le croire, et ce n'est qu'au bout d'une trentaine d'années que l'on consentit enfin à admettre l'existence du nouveau Continent.

Lorsque, en 1632, Galilée affirma la rotation de la terre autour du soleil, déféré au Tribunal de l'Inquisition qui représentait alors le Pouvoir, défendait les droits de l'Eglise et rendait la Justice, il dut abjurer à genoux sa prétendue hérésie.

Lorsque, en 1857, Allan Kardec édifia les premières assises du spiritisme, il souleva la curiosité du public, et aussi la jalousie, la haine, la calomnie. Il fut en butte aux injures d'ennemis acharnés ; des libelles infâmes furent publiés contre lui. A Barcelone, ses ouvrages furent saisis par ordre de l'autorité ecclésiastique et brûlés en place publique par la main du bourreau ; dans tous les pays, la nouvelle doctrine et son fondateur furent attaqués en chaire par les mandements des évêques et les sermons des prêtres. Aujourd'hui encore, après une période de 65 ans, cette mauvaise querelle n'est pas éteinte.

Par ces exemples, nous voyons les forces de réaction constamment associées pour le maintien des traditions et des idées reçues, refusant d'accueillir toute innovation grandiose ou mettant obstacle à sa propagation dans les masses.

Ajoutons à cela les préoccupations d'une existence de plus en plus difficile, l'indifférence de la foule, et par-dessus tout, les conditions presque exclusivement matérielles de la vie moderne ; nous aurons alors l'explication des difficultés que l'on éprouve à fixer l'attention de l'humanité sur ses destinées futures.

La satisfaction des plaisirs grossiers est devenue pour l'homme un besoin ; son absence de sentiments délicats se manifeste au théâtre, dans les spectacles immoraux qui l'attirent d'autant plus qu'ils parlent exclusivement à ses sens. L'indigence des productions du cinéma a fini par lasser toute tentative intellectuelle. Quant à la littérature, les excès dans lesquels elle est tombée ont obligé à rayer des cadres un commandeur de la Légion d'honneur à la suite de la publication d'un roman pornographique.

La guerre ne nous ayant pas apporté la renaissance de la pensée escomptée par quelques enthousiastes, nous sommes arrivés à une période de décadence, à une faiblesse mentale qui apparaît sans issue.

« C'est ainsi, dit Gonzague Truc, qu'après avoir peuplé l'Univers de dieux puérils et doublé les êtres d'essences mystérieuses, les hommes se sont inclinés de nouveau devant le mystère initial et ont déclaré qu'ils ne l'avaient point découvert. Ils ont vu mourir les immortels ; ils ont entendu le fracas des temples qui s'écroulaient avec Rome ; ils savent, animés de quelles illusions, ils ont fait mourir un Crucifié. Ils regardent le monde qui s'étend devant eux impénétrable et muet. Et pleins du silence de nouvelles angoisses, ils écoutent le battement, de leur sang, pendant que la Mort les cueille un à un pour les endormir dans l'Inconnu » (Gonzague Truc. — Revue de la Semaine, 27 janvier 1922.).

Cette passivité inconsciente qui a tant de ressemblance avec le stupide fatalisme oriental, est l'œuvre du Matérialisme. Jugeant inutile de soumettre à un examen plus sérieux le problème de l'Etre et de sa destinée, on a cherché tout récemment à l'enterrer en Sorbonne en prenant la question par son côté le plus contestable, dans des conditions telles que, si l'expérience avait réussi, il eût été facile de lui donner une interprétation matérialiste. C'est là ce qu'on appelle éclairer le peuple !

Il est temps d'aborder le problème avec sincérité.

Ne trouverons-nous pas une petite place pour installer une véritable science de l'âme sans rites, sans dogmes et sans prêtres, une psychologie intégrale dont le but sera de démontrer, loin des brouillons et des systématiques, l'existence d'une force intelligente et invisible attestée par nos expériences, contestée par la plupart des savants, entrevue seulement par quelques autres ?

« S'il existe quelque part, dit M. D. Berthelot, une intelligence aussi supérieure à l'intelligence humaine que celle-ci l'est à l'intelligence animale, il est probable que si elle nous révélait la vérité dans un éclair, nous ne la comprendrions pas » (Daniel Berthelot. — « la Physique et la Métaphysique des théories » d'Einstein.).

Au cours de nos recherches, cette intelligence s'est révélée à nous, non pas transcendante comme celle dont parle M. Berthelot, non pas suprahumaine, mais au contraire très terre à terre, empreinte de notre mentalité, de nos passions, de nos préoccupations mesquines, et c'est cela qui nous a permis de la comprendre.

Elle nous a donné la certitude d'une vie se continuant dans l'éternité sans le secours du corps physique ; elle nous a montré qu'il y avait, extérieurement à l'humanité terrestre, une activité mentale qui l'enveloppe de toutes parts, qui souffre de ses douleurs, l'inspire de ses connaissances, provoque les grandes découvertes par le concours de l'intuition. C'est la conviction de son existence qui nous permet d'affirmer ce que la psychophysiologie s'oblige à considérer comme absurde :

LA PENSÉE PEUT SUBSISTER SANS SYSTÈME NERVEUX

Si cette déclaration basée sur de multiples preuves amène à réfléchir, ne fût-ce qu'un petit lot d'incrédules ; si elle leur fait comprendre qu'une bonne expérience vaut mieux que l'ingéniosité d'un cerveau, fût-ce celui de Newton ; si elle leur donne le désir de chercher à leur tour, nous n'aurons pas perdu notre temps, et nous dirons avec Aksakof :

« Sur le déclin de ma vie, je me demande parfois si j'ai vraiment bien fait de consacrer tant de temps, de travail et d'argent à étudier et à faire connaître ces phénomènes. N'ai-je pas fait fausse route ? N'ai-je pas poursuivi une illusion ? Mais je crois toujours entendre la même réponse : « L'homme ne saurait trouver un emploi plus élevé de sa vie que de chercher à prouver la nature supérieure de l'être humain appelé à une destinée bien plus sublime que l'existence terrestre. » Je ne puis donc regretter de m'être, depuis tant d'années, voué à la poursuite de ce but par des voies impopulaires que la science orthodoxe qualifie d'illusoires, mais que je sais être plus infaillibles que cette science. Si j'ai réussi, pour ma part, à apporter, ne fût-ce qu'une seule pierre à l'érection du Temple de l'Esprit que l'humanité, fidèle à sa voix intérieure, édifie à travers les siècles avec tant de peine, cela sera pour moi la seule et la plus haute récompense à laquelle je puisse aspirer » (Aksakoff. — Préface de « animisme et spiritisme ».).

Nous avons été conduits à admettre que l'Esprit conserve un souvenir plus ou moins précis des événements de sa vie et qu'il les emporte dans la tombe. C'est ce que Virgile a exprimé dans un vers cadencé, d'une majesté simple, tout imprégné de souffle poétique :

Et dulcis moriens reminiscitur Argos (Et il se souvient en mourant de sa douce Argos.).

Notre imagination évoque le jeune guerrier tombé au champ d'honneur, revoyant, à cette minute suprême, dans les dernières lueurs du jour et de la vie, le doux village de son enfance. Il revoit dans un tableau panoramique la maison où il naquit, les champs où il vagabonda, la mère qui le berçait dans ses bras et qui, vieillie maintenant, n'aura même pas la consolation de pouvoir pleurer sur sa tombe ; il revoit la fiancée qu'il avait choisie pour partager sa vie et qui l'attendra en vain. Les ombres tombent plus hautes du haut des montagnes, et pendant que la nuit achève d'étendre sur elles son manteau sépulcral, le jeune héros rend son dernier soupir, avec le regret amer d'avoir si peu vécu.

Lorsqu'il se réveillera, plus tard, dans le silence majestueux de l'Infini, il ne tardera pas à constater que, loin d'être retourné au néant, il se retrouve, au contraire, dans la lumière et dans la vie. Il verra se presser autour de lui des figures amies, des visages oubliés qui lui souriront et qui guideront ses premiers pas dans cette nouvelle existence dont il n'avait plus l'habitude. On lui apprendra qu'il est rattaché à la terre par des liens de parenté et d'amour : que son sacrifice n'a pas été inutile, et qu'il pourra peut-être un jour être mis en rapport avec ceux qu'il a laissés sur l'autre rive, à moins que dans la Cité silencieuse et immense dont il est maintenant citoyen et où la multitude innombrable tient si peu de place, il ne soit du nombre de ceux voués à l'oubli.

Il cherchera à communiquer avec les siens ; il voudra revoir sa mère, parler à sa fiancée, leur donner la certitude qu'il n'est mort qu'en apparence, leur apporter la consolation et l'espoir, leur faire comprendre qu'il a émigré dans la grande colonie des ex-terriens où chacun pratique la solidarité comme un devoir.

Ces âmes-là ne nous sont pas étrangères. Nous les avons connues ou nous les connaîtrons un jour ; elles appartiennent à notre humanité, et elles ne dorment pas assises à leur place dernière. Elles sont, non dans la mort éternelle, mais dans la vie éternelle qu'elles ont poursuivie et conquise dans une activité incessante, au cours de ce pèlerinage sans fin qui est notre destin commun. Ce sont des sœurs aînées qui se penchent sur nous et nous soutiennent dans l'épreuve.

Malgré l'obscurité qui l'enveloppe encore, nous avons essayé de pénétrer ce monde mystérieux et de le comprendre dans sa grandeur. Nous l'avons scruté, dans nos recherches inlassables, pour découvrir la vérité et, nous élever au-dessus des lieux communs de l'ignorance. D'autres, après nous, continueront notre œuvre et dissiperont pour toujours les dernières ténèbres qui enveloppent encore ces vastes problèmes,

Les révélations qui nous ont été faites, portent en elles des preuves définitives ; elles satisfont notre besoin de justice ; elles nous font toucher du doigt nos destinées suprêmes et nous montrent les éléments mêmes de la vie.

Qu'on n'aille pas croire qu'il s'agit là d'un système forgé par notre imagination ; les paroles que nous avons rapportées sont bien venues du monde extérieur et tous peuvent les comprendre.

Les chercheurs sincères et impartiaux se rendront compte qu'ils ne sont pas étrangers à cet univers merveilleux. Ils compareront, avec un jugement plus raisonné, les forces spirituelles qui nous environnent et ils apprécieront mieux leur puissance. Loin de redouter que la mort soit uniquement une source de tristesses et d'angoisses, ils ne verront en elle que la splendeur et l'activité de la vie ; ils se feront une conception plus précise de l'avenir où elle les emporte, au-delà de ce tombeau après lequel commence un nouveau cycle d'existences pour l'esprit immortel. La beauté de notre philosophie leur apparaîtra, et ils s'y sentiront d'autant plus étroitement attachés qu'elle se sera imposée à leur raison avec l'évidence formelle des constatations que nous avons groupées à leur intention.

Il y a, à la tête des Sciences, des hommes qui nous combattent parce qu'ils considèrent comme faux notre point de départ, basé sur l'existence de l'âme.

Parce que leur connaissance est bornée par l'anatomie, la physiologie, les propriétés des corps et leurs combinaisons chimiques, la question de l'immortalité leur apparaît comme puérile, comme indigne de leurs préoccupations. Ils ne voient dans l'Univers que deux éléments : la Force et la Matière ; dans l'individu que deux principes : les Molécules et les Cellules.

Fait à noter : dans la lutte pour le triomphe de leur idéal matérialiste, nous les voyons associés aux puissances de l'Eglise qui, tout comme au jour à jamais exécré de l'autodafé de Barcelone, poursuivent d'une haine tenace l'idéal spiritualiste qui ne porte pas l'estampille de la curie romaine.

Et de ces deux pôles si opposés, nous avons senti sur nous l'aigre bise de la critique. Mais si âprement qu'elle ait soufflé, si violent que soit encore le vent des sapiences académiques uni à celui des ignorances monacales, il n'a pas été assez fort pour éteindre le flambeau que le spiritisme a allumé dans la nuit de l'humanité.

Tous nos efforts ont tendu à entretenir cette flamme. Au sceptique haussement d'épaules des incrédules, nous avons répondu par des faits. Dans une étude aussi serrée que celle-ci, nous devions avoir pour seul guide la méthode expérimentale ; ayant en mains les éléments nécessaires, nous avons poussé nos investigations le plus loin possible, et nous apportons cette modeste pierre ramassée sur la route ; elle viendra s'ajouter aux matériaux accumulés par d'autres.

Trop longtemps restés dans l'ignorance de notre avenir, trop longtemps endormis dans une illusion trompeuse sur notre être réel, nous commençons enfin à entrevoir, sinon tout-à-fait ce que nous sommes, mais du moins ce que nous ne sommes pas ; et cela grâce au concours de ces inconnus, de ces humbles frères en humanité dont le nom ne sera jamais inscrit dans les archives de l'Histoire, mais restera toujours gravé dans notre mémoire reconnaissante.

Le lecteur aura relevé des divergences sensibles dans les déclarations des différents esprits et même dans celles faites par le même esprit au cours d'une séance. Loin de les dissimuler, nous les avons signalées, estimant qu'elles ont une valeur instructive en ce qu'elles nous montrent les oscillations inévitables de la pensée et le trouble du souvenir chez les esprits aussi bien que chez les hommes. Ceux-ci sont excusables, car personne n'est infaillible ; pourquoi les désincarnés le seraient-ils, alors que les difficultés qu'ils éprouvent pour nous traduire leurs sentiments sont incessantes et parfois insurmontables ?

Nous avons discuté séparément toutes les parties de ce dossier ; les faits nous furent confirmés par pièces officielles et témoignages authentiques ; les épisodes les plus extraordinaires, les secrets intimes, les événements impressionnants furent certifiés par des enquêtes sévères. Nous avons constaté que si un certain nombre de cas peuvent trouver leur explication la plus simple dans le jeu du subconscient, d'autres, au contraire, échappent totalement à cette hypothèse.

Nous avons commencé par analyser les cas qui pouvaient, à la rigueur, être considérés comme des productions de cette faculté supranormale, dite cryptesthésique. Nous lui avons fait une assez large part pour avoir le droit de revendiquer comme spiritiques les autres manifestations qui, de toute évidence, n'ont pu prendre leur formation ni trouver leur substance dans les sens ou les connaissances du percipient ou des assistants. Ces manifestations échappent, de façon certaine, à toute influence du monde physique.

Nous avons vu le tribut important qu'elles apportent à la thèse spirite en l'établissant sur des bases solides.

Par leur analyse comparée, on peut donc considérer comme démontrées :

1° L'erreur scientifique qui, en conférant à la personnalité subconsciente une faculté de connaissance universelle, sans souci du temps ni des distances, aboutit à lui attribuer une puissance prodigieuse, invraisemblable, presque divine ;

2° La réalité de la survie, et la possibilité pour les esprits de se communiquer aux hommes, lorsque les conditions nécessaires se trouvent réunies.

Grâce à ces résultats, nous avons le droit de répondre à la question posée au début de cet ouvrage :

NON SEULEMENT LA SURVIVANCE EST CERTAINE, MAIS ON PEUT LA DÉMONTRER EXPÉRIMENTALEMENT, COMME NOUS L'AVONS FAIT, A L'AIDE DE LA MÉDIUMNITÉ SUBJECTIVE. EN DEHORS DE L'HYPOTHÈSE SPIRITE, TOUTE AUTRE EXPLICATION QUE L'ON POURRAIT TENTER A PROPOS DE CES PHÉNOMÈNES, EST PSYCHOLOGIQUEMENT, PHILOSOPHIQUEMENT, SCIENTIFIQUEMENT INADMISSIBLE, DU MOINS JUSQU'A PRÉSENT.

Du berceau à la tombe, de la tombe au berceau, voilà les étapes de notre existence infinie. Journées de lutte, journées d'amour, journées d'espoir. Labeurs obscurs, sommeils profonds, réveils glorieux. Fraternité, évolution, progrès. Tels sont nos devoirs, nos sentiments, nos tendances. Telle est notre devise, celle de l'Humanité.

Nous avons soulevé un coin du voile qui cache notre passé et notre avenir ; nous avons risqué quelques pas sur ce ténébreux sentier qui vient de l'éternel hier et va vers l'éternel demain ; à mesure que nous avancions, nous nous sentions plus fermes, plus confiants. La lueur qui nous a guidé est encore bien faible, bien vacillante, bien lointaine, et nos moyens d'exploration bien imparfaits. N'importe ! notre certitude est absolue. Nous savons que nous sommes sur la bonne route ; nous sommes sûrs d'arriver au but.

Nous n'avons plus à compter sur l'Eglise. Certes, son enseignement des premiers temps fut utile à l'Humanité, lorsque la parole du Maître, dominant les rois et les peuples de toute sa splendeur, apprit aux uns la Justice et aux autres la Charité ; mais cet enseignement, aujourd'hui déformé, n'est plus qu'un sujet de controverses et de discussions amplement justifiées.

Nous n'avons pas à compter sur la Science officielle, au moins dans notre pays. Elle n'est pas encore en état de nous donner la clef de nos destinées futures. Notre avenir n'existe pas pour elle. Tout au plus saura-t-elle nous dire combien il faudra de temps aux micro-organismes pour anéantir notre dépouille déliquescente. Ses connaissances ne vont pas plus loin.

Gloire, donc, à ces visiteurs bénévoles, à ces humbles collaborateurs qui furent nos seuls aides ! Gloire à eux, dont la présence secrète nous a si puissamment soutenus et encouragés dans nos efforts ! gloire à eux, gloire à ces exhumés de l'oubli qui sont venus de l'autre rivage pour nous éclairer !

Seuls, ceux qui vivent au sein de l'Eternité pouvaient nous dévoiler une partie de ce mystère, encore impénétrable à tant d'hommes.

N'ayons garde d'oublier que sans leur bienheureuse intervention, sans cette boussole infaillible qui nous guide dans la nuit perdus dans l'étendue sans fin, nous dévierions inévitablement de notre route.

Si nous voulons connaître le secret de notre destinée ; si nous voulons apprendre ce qui nous est réservé là-bas, sur ces bords inexplorés où nous avons tant d'attaches ; si nous voulons être renseignés sur les conditions d'existence qui nous y attendent ; si nous voulons savoir ce que nous sommes, d'où nous venons et où nous allons : Ecoutons les désincarnés qui nous parlent, groupés autour de nous ; écoutons leurs conseils et leurs encouragements ; écoutons ceux qu'en des temps perdus dans le lointain des siècles nous avons connus et aimés ; écoutons ceux qui furent nos amis, nos parents, nos frères :

ECOUTONS LES MORTS !

TABLE DES MATIÈRES

FIN DE LA TABLE.

Commentaires du livre :
Écoutons les Morts

Dans cet ouvrage, Gabriel Delanne collabore avec Bourniquel pour aborder différents sujets comme les visions et les incarnations.

En treize chapitres, ils développent les manifestations des Esprits et notamment les preuves de leurs identifications.

À l'aide d'exemples concrets et des recherches, ils montrent combien les communications médiumniques s'appuyent sur des faits justes et vérifiables.

Ils démontrent également les manifestations qui sont le fruit du subconscient du médium de celles purement spirites : " Lorsque nous assistons à des expériences dans lesquelles on cherche à figurer des personnalités secondes, nous ne tardons pas à nous apercevoir que l'imagination des sujets est moins riche qu'on aurait pu s'y attendre. La personnalité d'un militaire, d'un prêtre, d'une danseuse, etc. se reproduit presque toujours avec des variations insensibles ; on sent nettement que le réservoir où s'est alimentée l'imagination subliminale n'est pas inépuisable."

GABRIEL DELANNE.

Fin.

Marques page à découper.

+ sur www.OUVRAGE.NET

François-Marie-Gabriel Delanne est né à Paris le 23 mars 1857. Son père Alexandre Delanne était un ami d'Allan Kardec, et sa mère était médium écrivain. Gabriel Delanne est essayiste spirite français, connu surtout pour son ouvrage intitulé: Le Phénomène spirite.

Il fut l'un des principaux continuateurs du spiritisme après le décès d'Allan Kardec, aux côtés de Léon Denis et Camille Flammarion. Ses écrits étaient consacrés principalement à la question de l'immortalité de l'âme et la réincarnation. Comme Ernest Bozzano et Camille Flammarion, il privilégia en tant que spirite une approche scientifique des phénomènes psychiques. Il dirigeait le périodique La Revue scientifique et morale du spiritisme, organe de l'Union spirite française, dont le premier numéro parut en mars 1883.

En mars 1883, lorsque fut publié le premier numéro de la revue bimensuelle « Le Spiritisme », Gabriel Delanne qui comptait parmi les collaborateurs de cette publication, en devint très vite le rédacteur en chef. Avec son père Alexandre Delanne, il fut un des fondateurs de l'Union Spirite Française.

Très malade, Gabriel Delanne se désincarna le 12 février 1926 en ajoutant :

« Souvenez-vous mes amis que Delanne n'a pas peur de la mort. »

François-Marie Gabriel Delanne.

Gabriel Delanne est inhume au Cimetière du Père-Lachaise.